Spiel dich schlau mit kahoot!

Lust auf eine Quiz-Runde? Hinten im Buch findest du drei QR-Codes, die dich direkt zu drei verschiedenen Quizzen führen. Du kannst sie allein oder als Challenge mit deinen Freunden spielen.
Mit dem Handy oder Tablet Code scannen, Nickname eingeben und losspielen.

- **Im Training** Wenn du das Buch gelesen hast, sollte dir das erste Quiz nicht schwer fallen.
- **Profi-Runde** Du meinst, du kennst dich schon richtig gut aus im Thema? Dann probier doch das zweite Quiz!
- **Pics Challenge** Du willst dein Wissen in Bildern testen? Dann ist das dritte Quiz das richtige für dich.

Dabei gibt es verschiedene Fragetypen: Von Wahr-Falsch-, Schätz-, Eingabe- und Multiple-Choice-Fragen ist alles dabei.

Wie schnell können Geparden sprinten?

40 km/h

100 km/h

80 km/h

60 km/h

**Für jede richtige Antwort gibt es Punkte.
Wer am Ende die meisten gesammelt hat, gewinnt.**

MEMO WISSEN

KATZEN

Jaguar
Junge Abessinier
Tabby-Katze
Ozelot
Abessinier
Pumawelpe
Creme-weiße Hauskatze
Maine Coon
Panther (schwarzer Leopard)

MEMO WISSEN
KATZEN

von **Juliet Clutton-Brock**

Serval

DK

Tiger

Russisch Blau

Rotluchs

Frühgriechische goldene Kettenplatte

Lektorat Gillian Denton, Helen Parker, Sai Prasanna, Kingshuk Ghoshal, Shatarupa Chaudhuri, Carron Brown, Francesca Baines, Andrew Macintyre, Liz Wheeler, Jonathan Metcalf
Gestaltung und Bildredaktion Thomas Keenes, Julia Harris, Diana Morris, Vikas Chauhan, Mansi Agrawal, Heena Sharma, Govind Mittal, Pawan Kumar, Rakesh Kumar, Nandkishor Acharya, Aparajita Sen, Vishal Ghavri, Chrissy Barnard, Philip Letsu, Karen Self
Extra Fotos Dave King, Philip Dowell, Colin Keates ABIPP
Umschlaggestaltung Juhi Sheth, Surabhi Wadhwa-Gandhi, Sophia MTT
Herstellung Kavita Varma, Sian Cheung

Fachliche Beratung Rae Foreman

Für die deutsche Ausgabe:
Redaktionsleitung Martina Glöde
Herstellungskoordination Bianca Isack
Herstellung Stefanie Staat

Titel der englischen Originalausgabe:
Eyewitness Cat

Übersetzung Susanne Schmidt-Wussow
Producing booklab GmbH, München

ISBN 978-3-8310-4935-6
5902-326775-23473-03

Druck und Bindung Golden Prosperity Printing & Packaging (Heyuan) Co., Ltd.

MIX
Papier | Fördert gute Waldnutzung
FSC® C018179

www.dk-verlag.de

www.kahoot.com

Löwe

Puma

Inhalt

6
Was ist eine Katze?

8
Frühe Katzen

10
Die Katzenfamilie

12
Die Knochen

14
Der Körper

16
Die Sinne

18
Wendige Katzen

20
Katzenwäsche

22
Jagdfieber

24
Kinderstube

26
Typisch Katze

28
König der Tiere

30
Der Tiger

32
Der Leopard

34
Der Jaguar

36
Gebirgsjäger

38
Wüstenwanderer

40
Waldkatzen

42
Sprinterkatze

Leopard

44
Verwandte

46
Die Zähmung der Katze

48
Mythen und Märchen

50
Edelkatzen

52
Kurzhaarkatzen

56
Langhaarkatzen

58
Außergewöhnlich

60
Straßenkatzen

62
Katzenpflege

64
Wusstest du das?

66
Rassen bestimmen

68
Mehr erfahren

70
Glossar

72
Register

Was ist
eine Katze?

Katzen sind wohl die anmutigsten und schönsten Tiere. Sie haben ein seidiges Fell mit oft auffälligem Muster (S. 14) und einen eleganten Kopf mit spitzen Ohren und großen Augen. Wild- und Hauskatzen gehören zur selben Familie, genannt Felidae. Als typische Säugetiere sind sie gleichwarm, haben ein schützendes Skelett und ernähren ihre Jungen mit Milch. Alle Katzen sind Fleischfresser, fast alle Arten leben und jagen allein. Ausnahmen bilden Löwen, Geparden und einige Hauskatzen, die in Familiengruppen oder Rudeln auf die Jagd gehen. Die anhängliche, intelligente, verspielte Hauskatze zählt zu den beliebtesten Haustieren überhaupt.

Katzendarstellung
Die herrliche Handschrift *Lindisfarne Gospels* – eine reich verzierte Ausgabe der vier Evangelien mit vielen Katzenmotiven – entstand um 700 in Britannien. Hauskatzen gab es damals schon.

Gute Tarnung
Dieser Jaguar ist gut versteckt. Das gestreifte oder gefleckte Fell der Katzen bietet ihnen in Wäldern, Dschungeln, Steppen und Ebenen eine ausgezeichnete Tarnung.

Angepasst
Hauskatzen sind sehr anpassungsfähig. Sie leben überall auf der Welt, im tropischen Afrika ebenso wie im eisigen Grönland. Die Hauskatze ist das einzige Mitglied der Katzenfamilie, das freiwillig unter Menschen lebt und sich fortpflanzt.

Ihre Streifen und Abzeichen hat diese Hauskatze von ihren wilden Vorfahren geerbt.

Schnurrhaare sind Tastorgane, mit denen sich alle Katzen – ganz gleich, ob Wild- oder Hauskatzen – im Dunkeln zurechtfinden.

Katzen in Japan

In Japan wird die geheimnisvolle Katze sehr verehrt. In diesem japanischen Bild setzt sich der Katzenkopf aus vielen anderen Katzen zusammen, weil Katzen sehr wandelbar sind.

Alle Katzen haben Krallen und alle bis auf den Geparden ziehen sie ein, wenn sie ruhen (S. 42–43).

Anhand seiner Mähne unterscheidet sich der Löwe von der Löwin. Es ist der einzige deutliche Geschlechtsunterschied in der ganzen Katzenfamilie.

Zusammenarbeit

Löwen leben und jagen zusammen im Rudel. Wie alle Katzen schleichen sie sich an ihre Beute heran, springen sie mit einem Satz an und beißen sie in den Hals (S. 28–29).

Frühe **Katzen**

Vor Millionen Jahren gab es viele katzenähnliche Tiere auf der Erde, einige davon größer und wilder als jede heutige Katze. Die ältesten Katzenfossilien stammen aus dem Eozän vor etwa 50 Millionen Jahren. Diese Vorfahren entwickelten sich zu den großen und kleinen Katzen weiter, die es heute gibt. Daneben gab es die ausgestorbenen Säbelzahnkatzen, die wegen ihrer dolchartigen Eckzähne so genannt werden. Am bekanntesten ist *Smilodon*.

Teerfossilien

In der Eiszeit blieben in Rancho La Brea (heute Los Angeles, USA) Tausende Tiere in schwarzem, klebrigem Teer hängen, darunter auch 2000 *Smilodon*-Säbelzahntiger.

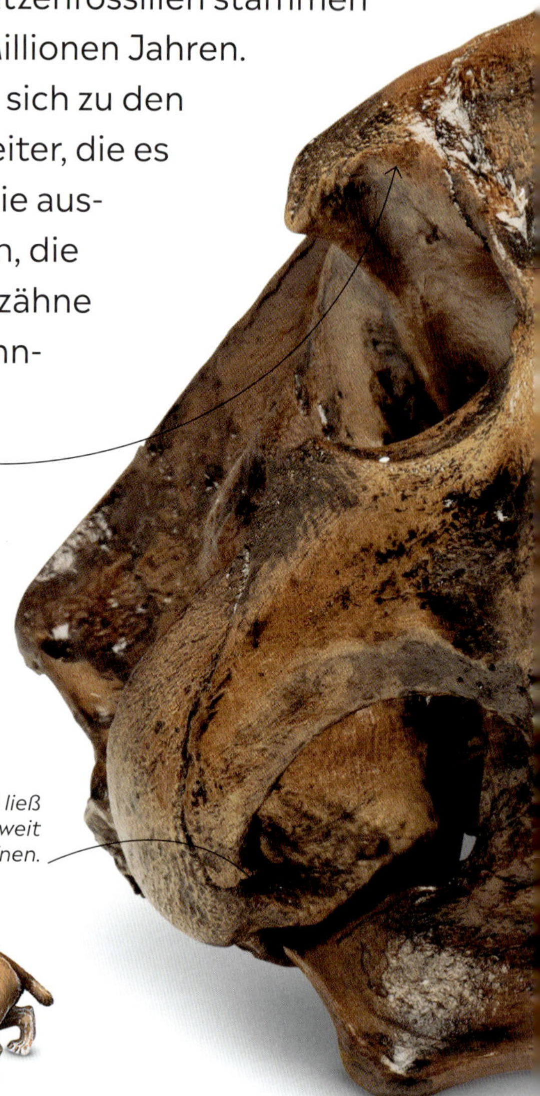

Smilodon *hatte ein kleines Gehirn. Sein Schädel bestand überwiegend aus Kiefern und Zähnen.*

Das Maul ließ sich 120 ° weit öffnen.

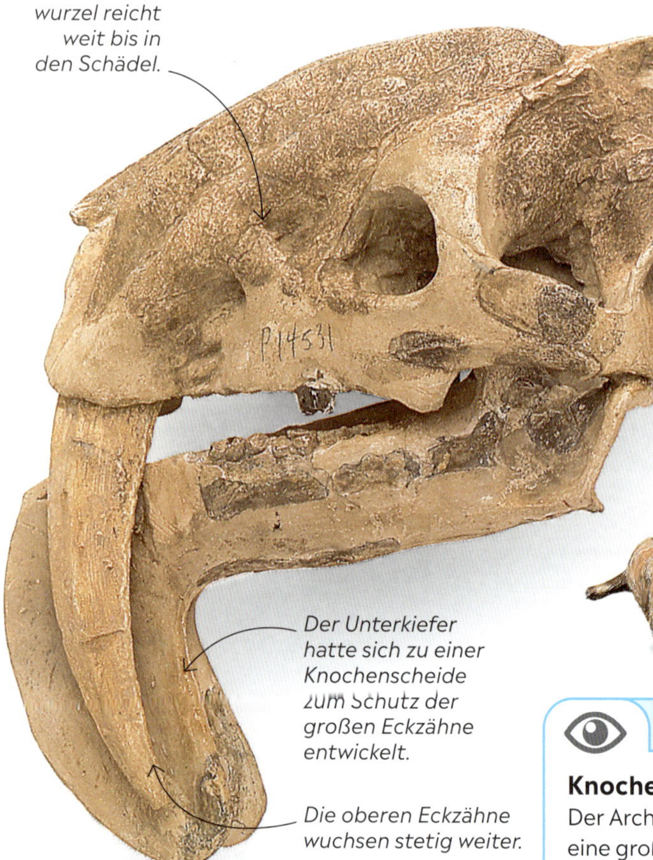

Die Zahnwurzel reicht weit bis in den Schädel.

Der Unterkiefer hatte sich zu einer Knochenscheide zum Schutz der großen Eckzähne entwickelt.

Die oberen Eckzähne wuchsen stetig weiter.

Künstlerische Darstellung von *Thylacosmilus*

Thylacosmilus

Thylacosmilus sah zwar aus wie eine Säbelzahnkatze, gehörte aber nicht zur Katzenfamilie. Das Säugetier lebte im Pliozän (vor etwa 5 Millionen Jahren) in Südamerika.

EINBLICK

Knochenfunde

Der Archäologe Jordi Serangeli leitet eine große Ausgrabung in Schöningen (Niedersachsen). Er fand mehrere Fossilien von Säbelzahnkatzen, darunter auch die seltene europäische Art *Homotherium latidens*. Hier hält er den versteinerten Knochen eines 300 000 Jahre alten Säbelzahntigers.

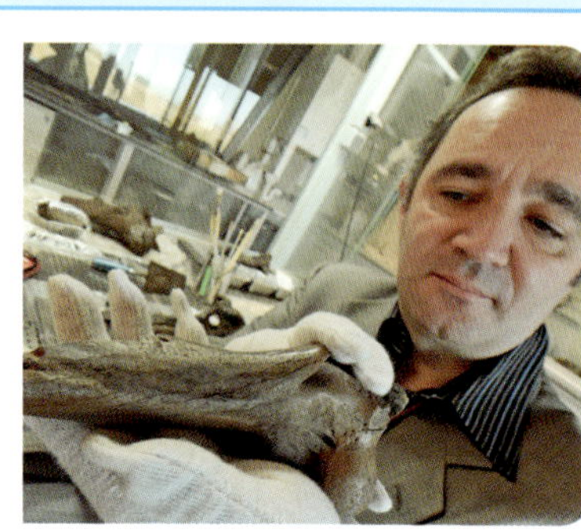

Smilodon

Diese große Säbelzahnkatze lebte in Familiengruppen in offenem Grasland und jagte Herdentiere. Vor etwa 14 000 Jahren starb *Smilodon* aus.

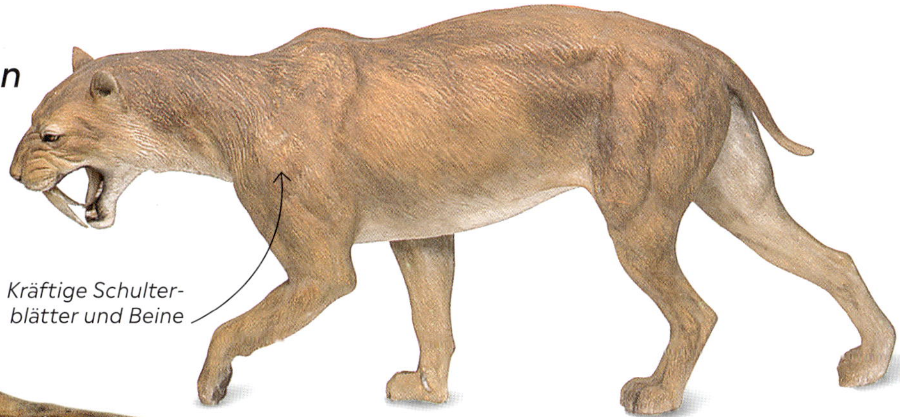

Nachbildung von *Smilodon* – seine Fellfarbe ist unbekannt.

Dinictis

Dinictis ähnelte *Hoplophoneus* (unten), war aber kleiner und ging wahrscheinlich in der Steppe auf die Jagd. *Dinictis*-Fossilien wurden überall in den USA und Kanada entdeckt. Ihre Zähne waren kürzer, aber kräftiger als die der Säbelzahnkatzen.

Hoplophoneus

Hoplophoneus gehört zwar nicht zu den Katzen, sah aber ganz ähnlich aus. Das Raubtier lebte vor 35 Jahren in Nordamerika und war nur entfernt mit *Smilodon* verwandt. Es hatte aber ebenfalls große Eckzähne, mit denen es Beute erlegte. *Hoplophoneus* und *Dinictis* werden auch „falsche Säbelzahnkatzen“ genannt.

Dolchzahn

Die Eckzähne ragten weit über den Unterkiefer hinaus, sodass sie benutzt werden konnten, ohne das Maul weit zu öffnen. *Smilodon* erlegte damit seine Beute wie mit zwei Dolchen. Alle Säbelzahnkatzen hatten etwas schwächere Unterkiefer, doch die Muskeln am Oberkiefer hatten genug Kraft, um die Eckzähne selbst in große Tiere zu versenken, die sich langsam bewegten.

Die **Katzenfamilie**

Katzen fressen andere Tiere, gehören also zur Ordnung der Fleischfresser (Carnivora). Man unterscheidet zwei Gruppen, die Großkatzen und die Kleinkatzen. Zu Letzteren zählen die Wildkatzen mit zwei Arten: die Europäische Wildkatze (*Felis silvestris*) und die Afrikanische Wildkatze (*Felis lybica*). Die Hauskatze (*Felis catus*) stammt von der Afrikanischen Wildkatze ab. Beide Wildkatzenarten sind überall auf der Welt zu finden. Alle Katzen verfügen über hoch entwickelte Sinne, schnelle Bewegungen und messerscharfe Zähne. Anders als Großkatzen können Kleinkatzen nicht brüllen.

RÜCKBLICK

Katzennamen

Der deutsche Naturforscher Johann von Schreber (1739–1810) prägte den wissenschaftlichen Namen *Felis silvestris*. Er folgte damit dem System des schwedischen Botanikers Carl von Linné, Arten lateinische Namen zu geben. Schreber benannte auch andere Katzenarten wie Karakal und Rohrkatze.

Pumas haben einen schlanken Körper wie Hauskatzen.

Puma

Der Puma oder Berglöwe ist eine übergroße Kleinkatze und kann schnurren wie eine Hauskatze. Er lebt in Nord- und Südamerika.

Rotluchs

Der Rotluchs ist die häufigste Wildkatze in Nordamerika. Er ähnelt dem Eurasischen Luchs.

Hauskatze

Von Hauskatzen gibt es fast so viele Rassen wie von Hunden.

Kleinkatzen

Alle Kleinkatzenarten leben allein und jagen nachts. Sie sind überall auf der Welt anzutreffen. Viele von ihnen wurden wegen ihres prächtig gezeichneten, weichen Fells stark bejagt und dadurch fast ausgerottet.

Großkatzen

Die Großkatzen brauchen viel Fleisch zum Überleben. Daher gab es schon immer weniger Großkatzen als Kleinkatzen. Diese haben es wesentlich leichter, ausreichend Nahrung zu finden.

Tiger

Der Tiger ist die größte und schwerste aller Katzen. Nachts macht er Jagd auf Tiere, die kleiner sind als er. Sein Lebensraum erstreckt sich vom tropischen Indien bis zum arktischen Sibirien.

Sonderlinge

Nebelparder können nicht brüllen wie Großkatzen, ruhen und putzen sich aber auch nicht wie Kleinkatzen. Der Gepard ist einzigartig, weil er ein Hetzjäger ist (S. 42–43).

Sunda Nebelparder

Der Sunda Nebelparder lebt in den Wäldern Südostasiens. Er ist mittlerweile sehr selten und vom Aussterben bedroht.

Gepard

Geparde können ihre Krallen nicht zurückziehen. So erreichen sie im Sprint ein hohes Tempo. Auf diese Weise passte sich die Katze an das Leben in der afrikanischen Savanne an, wo viele Tiere um Nahrung konkurrieren.

FAMILIE DER KATZEN

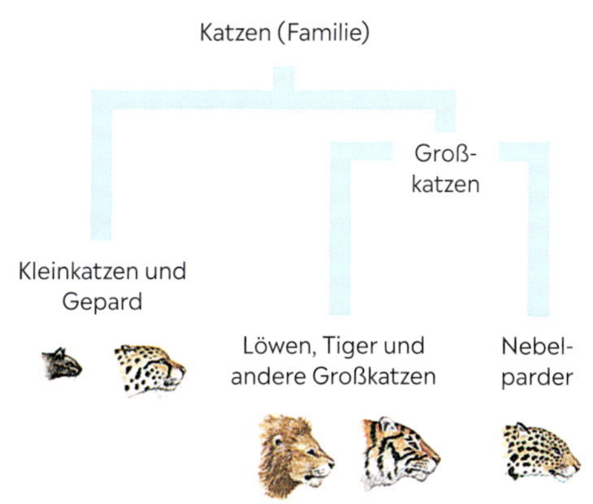

Zoologen ordnen Katzen in einem Stammbaum nach ihrer genetischen Nähe zueinander. Daher wird der Gepard zu den Kleinkatzen gezählt. Wie alle Kleinkatzen kann er nicht brüllen. Er hat aber auch eine Sonderstellung, da er als einzige Katze Beute mit hoher Geschwindigkeit jagt. Alle anderen Katzen werden als Schleichjäger bezeichnet, da sie sich an ihre Beute heranschleichen.

Die **Knochen**

Nachtjäger
Dieser Schneeleopard zeigt vor dem Angriff seine scharfen Zähne.

Das Skelett einer Katze besteht aus etwa 250 Knochen. Es schützt die weichen Körperteile und sorgt für enorme Beweglichkeit. Der Schädel ist perfekt für die erfolgreiche Beutejagd geformt. Die runden Augenhöhlen bieten ein großes Gesichtsfeld, die Ohrenpartie ist stark ausgeprägt und die kräftigen Kiefer lassen sich weit öffnen. Katzen erlegen ihre Beute mit ihren scharfen Eckzähnen und zerkleinern sie mit den Reißzähnen.

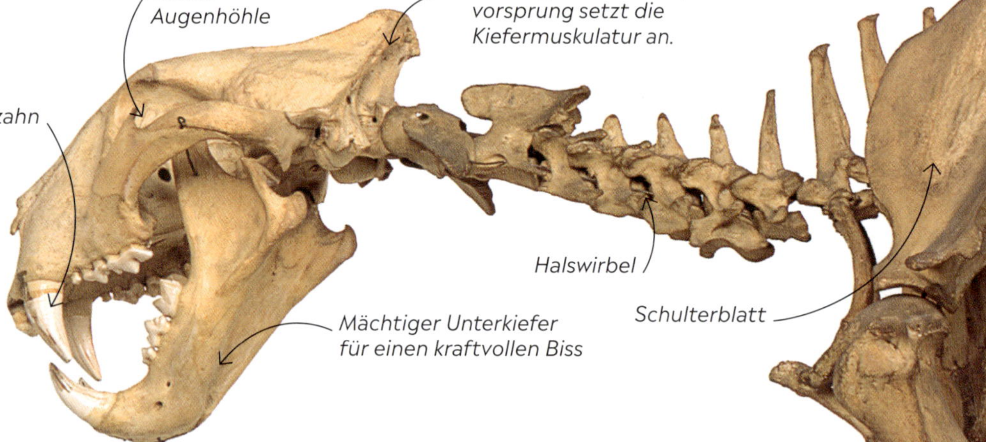
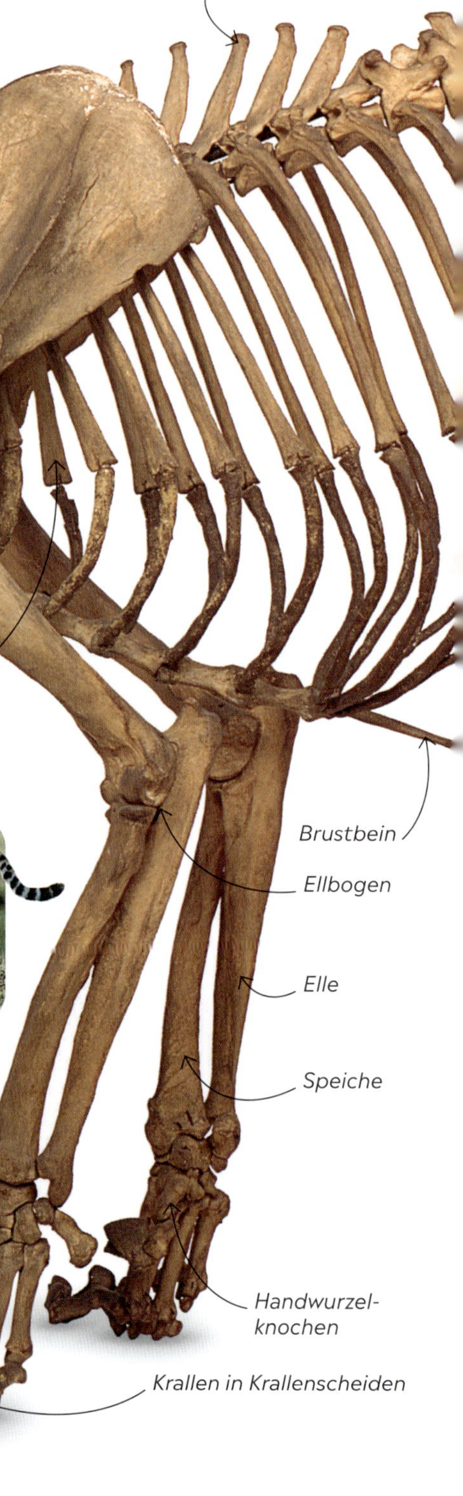

Wendig

Zum Jagen, Klettern und Putzen aller Körperteile braucht die Katze einen biegsamen Körper. Durch Muskelverbindungen zwischen den Hals- und Rückenwirbeln kann sie sich in alle Richtungen wenden.

Kleinkatzen und Großkatzen strecken sich genau gleich.

Hauskatze

Die Skelette von Hauskatze und Tiger ähneln sich, aber die Kleinkatze hat einen anderen Kehlkopf, mit dem sie schnurren kann, längere Krallenscheiden und einen beweglicheren Schwanz.

Schädel

Die Hauskatze hat große, runde Augenhöhlen, ein kurzschnauziges Gesicht und lange, scharfe Eckzähne. Bei einigen Rassen wie der Perserkatze wurde die Schnauze so kurz gezüchtet, dass kaum noch Platz für die Zähne bleibt.

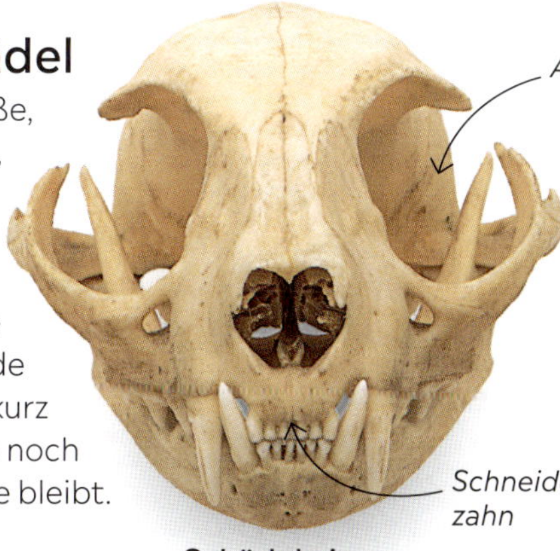

Schädel einer Hauskatze von vorn

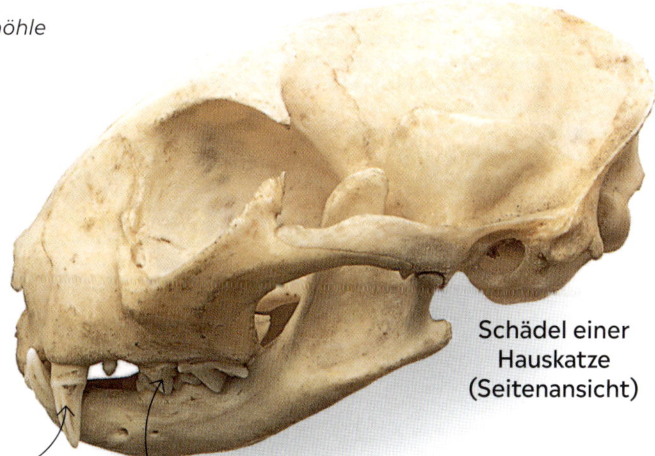

Schädel einer Hauskatze (Seitenansicht)

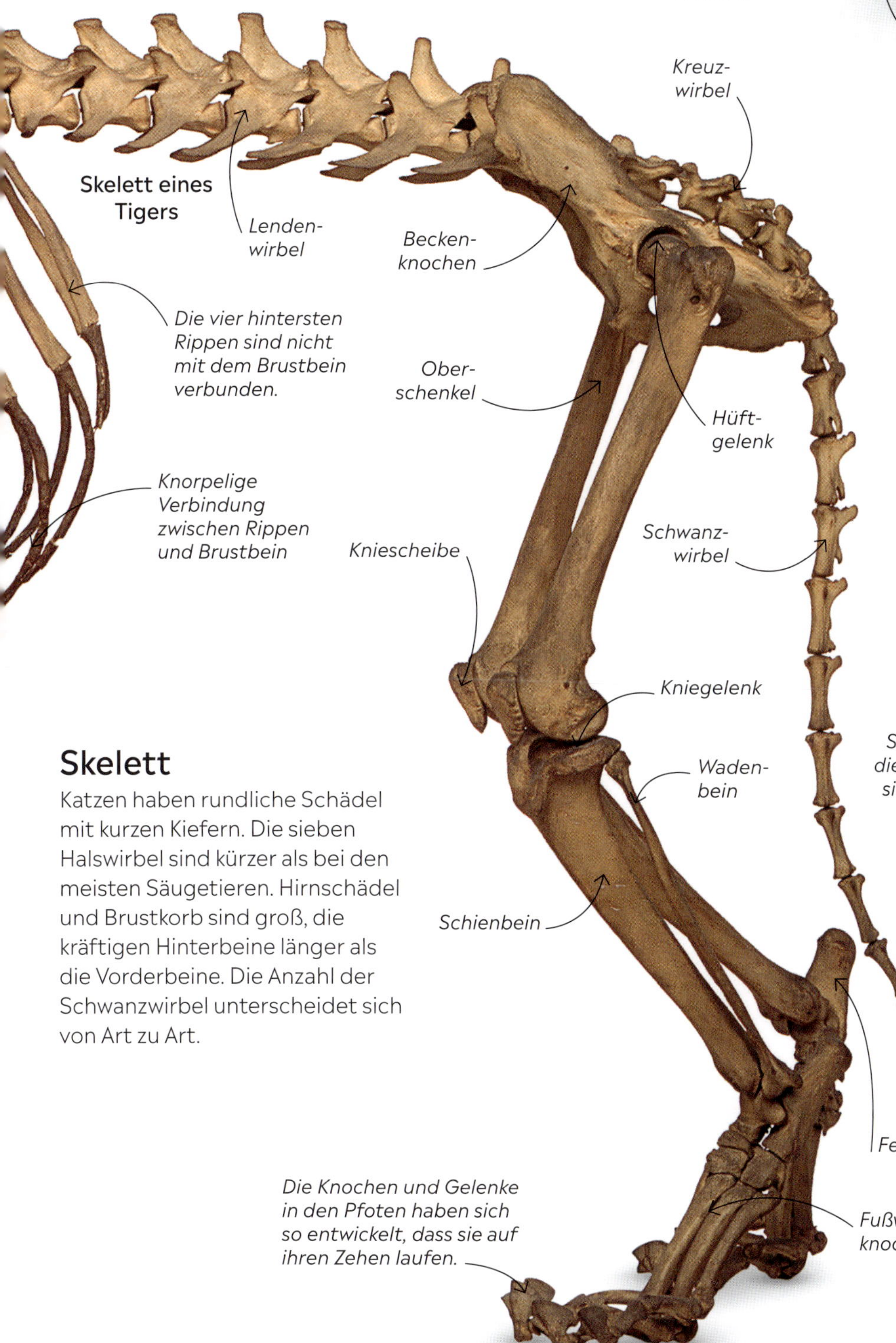

Skelett eines Tigers

Mit einem Biss

Alle Katzen können ihr Maul sehr weit öffnen. Das liegt an den dicken Knochen im Kieferwinkel und den kräftigen Bändern, die den Unterkiefer mit dem Oberkiefer verbinden.

Skelett

Katzen haben rundliche Schädel mit kurzen Kiefern. Die sieben Halswirbel sind kürzer als bei den meisten Säugetieren. Hirnschädel und Brustkorb sind groß, die kräftigen Hinterbeine länger als die Vorderbeine. Die Anzahl der Schwanzwirbel unterscheidet sich von Art zu Art.

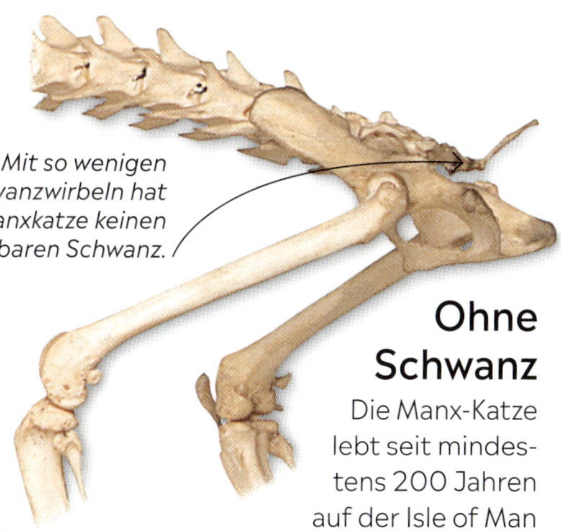

Ohne Schwanz

Die Manx-Katze lebt seit mindestens 200 Jahren auf der Isle of Man (S. 59). Ihr Stummelschwanz ist wahrscheinlich das Ergebnis von Inzucht (Paarung mit engen Verwandten).

Der Körper

Gendefekt

Das lockige Fell der Rexkatze ist ein durch Inzucht verursachter Erbfehler (S. 13). Inzucht kann zu genetischen Veränderungen bei den Nachkommen führen.

Katzen sind sehr geschickte Raubtiere. Dazu müssen sie schnell denken, schnell töten und, um anderen Raubtieren zuvorzukommen, schnell fressen können. Ihr Darm ist relativ kurz, weil sie nur Fleisch verdauen und keine pflanzliche Nahrung. Anders als Wildkatzen, die sich an einer großen Beute satt fressen, erbeuten Hauskatzen bis zu 20 kleine Tiere am Tag, wenn sie auf sich gestellt sind. Katzen sind sehr intelligent und haben im Verhältnis zum Körper ein großes Gehirn. Kleinkatzen kommunizieren durch Schnurren miteinander. Die Fellzeichnung der Großkatzen dient als Tarnung und erleichtert ihnen das Jagen.

Durstlöscher

Ein Puma trinkt aus einem Tümpel. Alle Katzen bis auf die Sandkatze (S. 39) brauchen regelmäßig Wasser.

Katzenfell

Das Fell hält eine Katze warm, dient als Tarnung, trägt ihren Geruch und reagiert auf Berührung (S. 16–17). Alle Wildkatzen haben ein Unterfell aus feinen, weichen Haaren und eine äußere Schicht aus gröberen, längeren Deckhaaren. Diese äußeren Haare bilden das Flecken- oder Streifenmuster.

Flecken

Das gefleckte Fell dieses Leoparden tarnt ihn perfekt im Licht- und Schattenspiel der Vegetation. Nur seine gelbbraunen Augen sind zu sehen, die auf jede Bewegung einer möglichen Beute lauern.

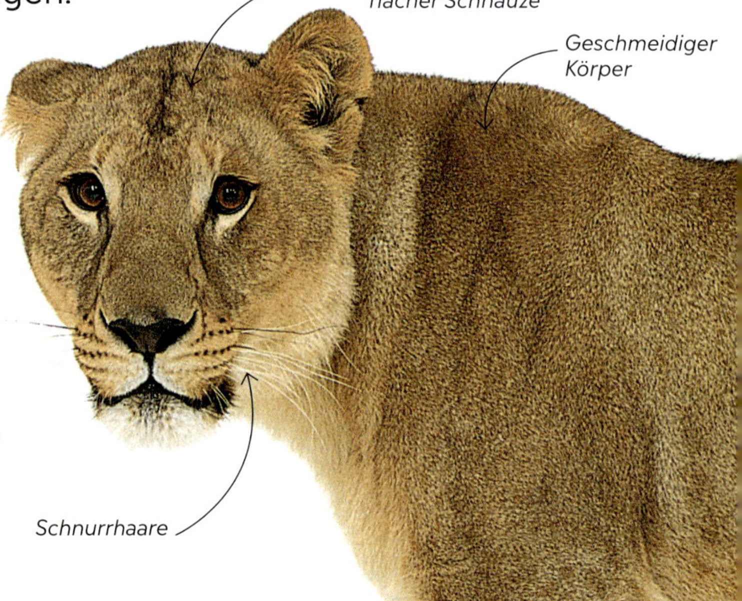

Fellmuster

Die Zeichnungen rechts zeigen sehr unterschiedliche Muster. Über Jahrhunderte wurden aus solchen Tierfellen Pelzmäntel hergestellt. Heute ist es verboten, die Tiere wegen ihrer Felle zu töten, wenngleich Wilderei nach wie vor stattfindet.

Tiger

Ozelot

Jaguar

Serval

Leopard

EINZIEHBAR

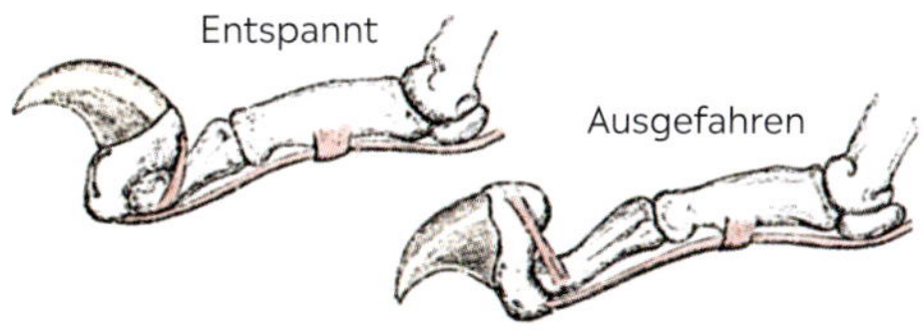

Bis auf die Geparden haben alle Katzenarten einziehbare Krallen. Im entspannten Zustand ruhen sie in einer knöchernen Krallenscheide (oben). Spezielle Muskeln fahren die Krallen aus und spreizen die Zehen.

Krallen

Katzenkrallen bestehen aus dem Protein Keratin, genau wie unsere Finger- und Zehennägel. Die Hinterpfoten haben vier Krallen, die Vorderpfoten fünf. Die fünfte Kralle gibt der Katze besseren Halt beim Klettern oder Festhalten von Beute.

Schnurrsprache

Kleinkatzen haben unter der Zunge einen Satz Knochen. Wenn diese Knochen vibrieren, hört man das als Schnurren. Eine Katze schnurrt normalerweise, wenn sie entspannt und zufrieden ist.

VERDAUUNGSSYSTEM

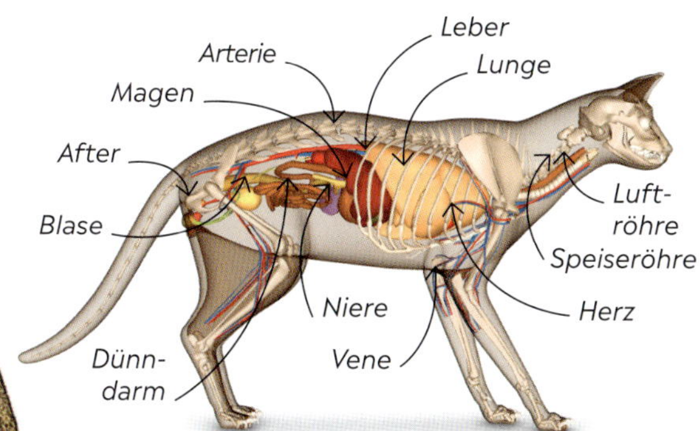

Die Nahrung gelangt über die Speiseröhre aus dem Rachen in den Magen und von dort in den Dünndarm, wo die Nährstoffe ins Blut wandern. Die Abfallstoffe wandern durch den Dickdarm und werden als Kot durch den After ausgeschieden.

Gut in Form

Der muskulöse Körper der Löwin besteht aus einem rundlichen Kopf, einem flachen Gesicht und eher langen Beinen. Der lange Schwanz hilft der schweren Katze, bei plötzlichen Richtungsänderungen auf der Jagd das Gleichgewicht zu halten. Mit den empfindlichen Schnurrhaaren seitlich am Gesicht findet sie sich auch im Dunkeln zurecht. Sehsinn, Geruchssinn, Gehör und Gleichgewichtssinn sind bei den großen wie bei den kleinen Katzen besonders gut ausgeprägt.

Muskeln

Die Schultermuskeln der Katze sind sehr kräftig. Sie kommen zum Einsatz, wenn sie ihre Beute anspringt.

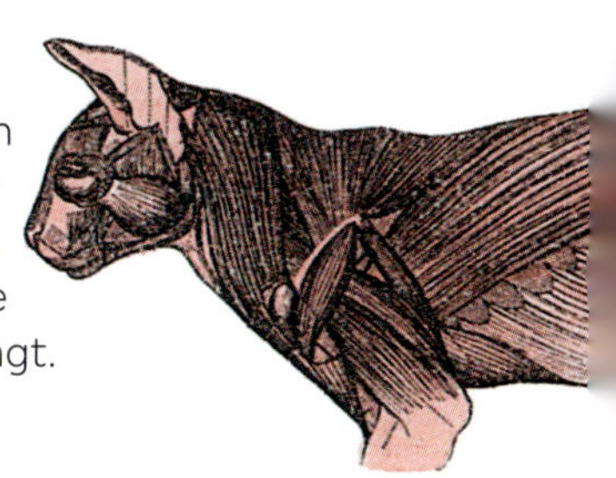

Die **Sinne**

Platz da?

Mit ihren äußerst empfindlichen Schnurrhaaren und Leithaaren erkennen Katzen Abstände: Wo die Haare hindurchpassen, reicht der Platz auch für den Körper.

Die meisten wilden Katzen jagen nachts. Mit ihren hoch entwickelten Sinnen können sie leise schleichen, alles sehen, die kleinsten Geräusche hören und andere Tiere im Dunkeln riechen. Kleinkatzen müssen immer wachsam sein und fliehen bei Bedrohung. Katzen besitzen einen speziellen Geruchs-Geschmackssinn, den wir nicht haben. Ihr legendäres Heimfindevermögen sorgt außerdem dafür, dass sie auch über weite Entfernungen oft wieder nach Hause finden.

Flehmen

Indem er die Oberlippe hochzieht (flehmt), prüft der Löwe mit einem Geruchsorgan, dem Jacobson-Organ, ob eine paarungswillige Löwin in der Nähe ist.

RÜCKBLICK

Zellengenossen

1601 war der Graf von Southampton im Londoner Tower eingesperrt, weil er gegen Königin Elisabeth I. rebelliert hatte. Der Legende nach fand sein Kater quer durch die Stadt den Weg in den Tower. Dort lief er über die Dächer, bis er die Zelle des Grafen gefunden hatte, und kletterte durch den Kamin hinein. Die Geschichte könnte stimmen, weil damals dieses Porträt entstand.

Scharfe Augen

Katzen haben hinten im Auge eine Schicht aus reflektierenden Zellen, das *Tapetum lucidum* (S. 64). Mit ihr können sie besser im Dunkeln sehen. Diese Schicht lässt Katzenaugen im Scheinwerferlicht leuchten.

Pupillen im Dunkeln (oben) und im Hellen (unten)

Licht und Dunkel

Katzenaugen sind rund und sorgen für eine gute Rundumsicht. Im Dunkeln weiten sich die Pupillen, um möglichst viel Licht hereinzulassen. Im Hellen verengen sie sich bei Kleinkatzen zu Schlitzen, bei Großkatzen zu Punkten.

Tasten, riechen, probieren

Stellt man Katzen Futter hin oder entdecken sie etwas Neues, sind sie immer vorsichtig. Zuerst tippen sie oft mit der Pfote daran, bevor sie den Kopf ausstrecken und es beschnuppern.

Schildpatt-weiße Katze

Mit ihrem Geruchssinn erkennt die Katze Nahrung, Gegenstände, andere Tiere und Menschen.

Fünf Sinne

Alle Katzen können besser sehen, hören, riechen, schmecken und tasten als wir. Menschen sehen zwar mehr Farben, aber Katzen können in der Dämmerung viel besser sehen. Sie finden sich durch ihre anderen Sinne auch besser in ihrer Umgebung zurecht.

Große, trichterförmige Ohren leiten Schallwellen ins Innenohr, sodass die Katze erkennt, aus welcher Richtung das Geräusch kommt.

Weit geöffnete Augen sind ein Zeichen für Wachsamkeit und Interesse. Zu Schlitzen verengte Augen weisen auf Wut oder Angst hin.

Der Bart

Die Schnurrhaare sind lange, steife Haare mit empfindlichen Nerven an der Wurzel. Sie umrahmen das Gesicht, damit die Katze ihre Position im Raum erspüren kann. Bei schlechtem Licht ergänzen sie das Sehen.

Die Nase ist sehr empfindlich. Sie leitet Duftstoffe an Riechzellen im vorderen Bereich des Schädels weiter.

Mit der rauen Zunge putzt die Katze ihr Fell, säubert ihre Jungen und schleckt Flüssigkeiten auf (S. 20–21). Der Geschmackssinn ist wichtig, denn beim Herunterschlingen ihrer Beute muss die Katze verdorbene Teile schnell erkennen können.

Roter Abessinier

Wendige **Katzen**

Alle Katzen sind äußerst beweglich und können mit großer Kraft springen. Bis auf den Geparden können sie allerdings nur über kurze Entfernungen schnell laufen (S. 42–43). Im Gegensatz zu vielen anderen Fleischfressern besitzt die Katze Schlüsselbeine, die Verletzungen der Schulter bei Sprüngen aus großer Höhe verhindern. Die Schulterblätter liegen seitlich am Brustkorb, was beim Klettern hilft. Katzen, die viel Zeit in Bäumen verbringen, wie der Leopard (S. 32–33), haben einen langen Schwanz, um das Gleichgewicht besser zu halten. Alle Katzen laufen auf den Zehen und haben dicke, weiche Ballen zum lautlosen Anschleichen.

Für einen kraftvollen Absprung bringt die Katze alle vier Pfoten zusammen.

Zu Beginn des Sprungs stellt sie sich auf die Hinterpfoten.

Im Sprung streckt sie den Körper lang aus.

Ein großer Sprung ...

Katzen springen, indem sie die Muskeln in Beinen und Rücken anspannen und loslassen. Der Schwanz hält dabei das Gleichgewicht. Anders als viele andere Tiere weiß die Katze genau, wo sie landet. Das ist wichtig für die Jagd auf kleine, schnelle Beutetiere.

Neun Leben

Katzen landen auch bei Stürzen aus großer Höhe meist auf den Pfoten. Das Nervensystem der Katze sorgt dafür, dass sie sich im Sturz so dreht, dass ihr Körper bei der Landung keinen Schaden nimmt. Zahlreiche Kleinkatzen verbringen viel Zeit in den Bäumen. Ihr guter Gleichgewichtssinn hilft ihnen, sich über dünne Äste an schnelle Beutetiere wie Eichhörnchen anzuschleichen.

Pumawelpe

Beim langsamen Laufen bewegen sich die gegenüberliegenden Beine gleichzeitig.

Üben!

Alle Katzenwelpen müssen Beine und Muskeln trainieren, bevor sie so beweglich sind wie ihre Eltern. Mit seinen großen Pfoten wirkt das Pumajunge tapsig, aber mit etwas Übung ist es bald so geschickt wie seine Mutter.

MIT HÖCHSTGESCHWINDIGKEIT

Beim Rennen stößt sich die Katze mit beiden Hinterpfoten gleichzeitig ab, setzt aber die Vorderpfoten nacheinander auf. Der britische Fotograf Eadweard Muybridge (1830–1904) nahm 1887 diese berühmte Sequenz auf, die den Bewegungsablauf einer Katze im Sprint zeigt.

Sie landet auf den Vorderpfoten und zieht die Hinterpfoten nach vorn.

Alle vier Pfoten berühren den Boden.

Erfrischendes Bad

Die meisten Katzen schwimmen nicht gern – nur Tiger und Jaguare verbringen viel Zeit am und im Wasser. Tiger in den tropischen Regenwäldern Asiens kühlen sich im Wasser ab.

Mit dem Schwanz hält die Katze das Gleichgewicht wie eine Seilakrobatin mit ihrer Stange.

Drahtseilakt

Diese Katze läuft auf einem sehr hohen, sehr schmalen Zaun. Sicher setzt sie eine Pfote vor die andere, ohne das Gleichgewicht zu verlieren.

Die Haut sitzt noch locker, die Muskeln sind noch nicht voll ausgebildet.

Aussichtsplatz

Klein- und Großkatzen müssen das Klettern erst lernen. Oft klettern sie beim ersten Mal viel zu hoch und trauen sich dann weder hoch noch runter. Nach einigem Zögern landen die meisten aber auf ihren Pfoten. Leoparden sind besonders geschickte Kletterer.

Katzen**wäsche**

Katzen sind besonders reinlich. Sie verbringen viel Zeit damit, mit der Zunge ihr Fell zu putzen, Schmutz zwischen den Zehen zu entfernen und mit den Pfoten ihr Gesicht zu säubern. Beim Putzen verteilt die Katze ihren Geruch über ihren Körper und gibt ihn dann weiter, indem sie sich an Menschen, Gegenständen oder anderen Tieren reibt. Putzen wirkt außerdem entspannend. Hauskatzen verbuddeln ihren Kot meist, anders als viele Wildkatzen, die ihn extra sichtbar hinterlassen, um ihr Revier zu markieren (S. 26–27). Putzen, Reiben und Absetzen von Kot sind Teil eines komplizierten Kommunikationssystems, das über Gerüche und Berührungen funktioniert.

Weil ihr Hals so beweglich ist, erreicht die Katze jeden Körperteil.

Sorgfältig putzen

Die Katze leckt sich, um ihr Fell zu säubern und ihren Eigengeruch zu verstärken, wenn sie gestreichelt wurde oder ihre Jungen gesäugt hat.

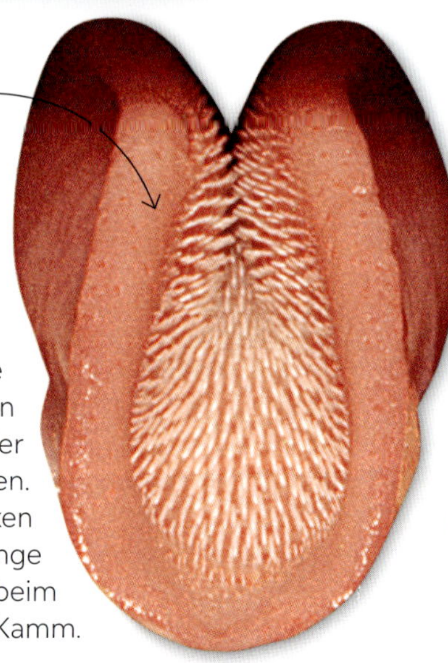

Jede Papille ist selbst wie eine Minizunge geformt.

Raue Zunge

Auf der Katzenzunge sitzen harte Hornstacheln, die Papillen. Mit ihnen kann die Katze Fleisch vom Knochen schaben oder Nahrung auflecken. Beim Wassertrinken funktioniert die Zunge wie ein Becher, beim Putzen wie ein Kamm.

Katzenklo

Hauskatzen lernen, ihr Geschäft in einer Katzentoilette zu verrichten, die sich einfach säubern und nachfüllen lässt. Manchmal markieren Katzen ihr Revier mit offen abgelegtem Kot.

Katzenstreu enthält meist saugfähige Materialien wie Ton oder Kieselgel.

Mit der nassen Pfote „wäscht“ sich die Katze das Gesicht.

Gesichtswäsche

Die Katze leckt sich die Pfote und reibt sie über ihr Gesicht. Damit überträgt sie den Duft aus Drüsen im Kinn auf ihre Pfoten, um ihn überall zu verteilen.

Saubere Pfoten

Tritt eine Katze in etwas Klebriges, leckt sie es sofort ab. Saubere Pfoten sind wichtig, um schnell rennen und klettern zu können – aber auch, um den eigenen Duft zu verteilen.

Mit ihrer rauen Zunge macht die Katze die Pfote nass, um sich das Gesicht zu „waschen“.

Jetzt bin ich dran ...

Bei vielen Katzenarten, etwa bei Hauskatzen und Löwen, kümmern sich die Weibchen gemeinsam um die Jungen. Dazu gehört auch Säugen und Putzen. Das Putzen hält die Kleinen sauber, regt die Verdauung an und verteilt einen gemeinsamen Geruch auf alle. Indem sie ihren Müttern zusehen, lernen die Jungen bald, sich selbst zu putzen.

Durch Lecken säubern Katzen ihr Fell von Gerüchen und Schmutz.

Die Zehen werden gespreizt, damit die Zunge überall hinkommt.

Eigener Duft

Durch das Putzen der Beininnenseiten verteilt die Katze Duftstoffe aus Drüsen an Kinn und Genitalien auf dem ganzen Körper.

Jagd**fieber**

In freier Natur leben Katzen von der Jagd. Bis auf Löwen und Geparde jagen alle Katzen allein. Normalerweise töten sie Tiere, die kleiner sind als sie, manchmal greifen sie auch größere an. Wenn ein Tier regungslos verharrt, kann es dem Angriff entgehen, aber geübte Jäger erkennen ihre Beute an Geräuschen und Gerüchen. Katzen schleichen sich an die Tiere an, stürzen sich auf sie und beißen sie in die Kehle. Kleinkatzen ernähren sich von Mäusen, Vögeln und anderen kleinen Tieren. Große Katzen wie Leoparden jagen Beute von der Größe einer Ziege und schleppen sie oft auf einen Baum, um sie vor anderen Raubtieren in Sicherheit zu bringen.

Beim Anschleichen bewegt sich die Katze knapp über dem Boden.

Die weichen Zehenballen sorgen für geräuschloses Gehen.

Sprungbereit

Ein schwarzer Leopard (auch Panther genannt) beim Anschleichen: Jeder Teil seines Körpers ist angespannt. Katzen auf der Jagd bewegen sich ganz langsam und geräuschlos, bis sie nahe genug für den blitzschnellen Sprung auf die Beute sind.

Tom und Jerry

In dem berühmten Zeichentrickfilm trickst die schlaue Maus Jerry den Kater Tom oft aus – das passiert im echten Leben eher selten.

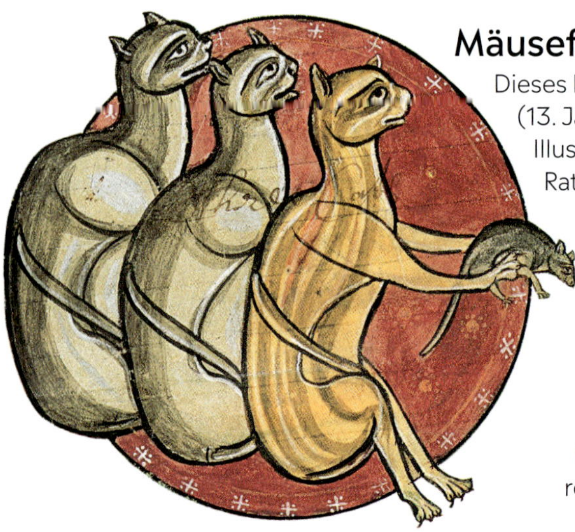

Mäusefänger im Mittelalter

Dieses Bild aus dem *Harley-Bestiarium* (13. Jahrhundert) ist eine der ersten Illustrationen von Katzen mit einer Ratte.

Wildkatze beim Beutesprung

Überraschungsangriff

Katzen suchen sich oft eine Stelle zum Jagen, wo sie ihre Beute sehen können, ohne selbst gesehen zu werden. Diese Katze saß eine ganze Weile vollkommen reglos auf einem Zaun, bevor sie sich auf die nichts ahnende Beute stürzte.

Schwarzer Panther

Durch sein dunkles Fell ist das Raubtier nachts perfekt getarnt.

Katzen schlagen mit dem Schwanz, wenn sie wütend sind. Zuckt der Schwanz dagegen nur leicht, ist die Katze konzentriert oder zufrieden.

Jagd im Wasser

Die indische Fischkatze hat Schwimmhäute zwischen den Zehen. Gelegentlich taucht sie sogar nach Fischen.

Wettlauf um Leben und Tod

Der Gepard beginnt erst mit der Jagd, wenn er eine Antilope allein sieht. Die Antilopen wissen das und lassen sich nicht stören, solange der Gepard nicht zu nahe kommt. Sobald er seine Beute aber abgesondert hat, jagt er sie mit höchster Geschwindigkeit.

Geübter Mäusefänger

Viele Katzen spielen mit ihrer Beute, bevor sie sie töten. Katzenmütter bringen ihren Jungen oft das Jagen bei, indem sie ein Tier fangen und es vor ihnen freilassen. Manche Katzen behalten dieses Verhalten ihr Leben lang bei. Ihr Jagdinstinkt bringt Hauskatzen dazu, nach Spielzeug zu jagen wie nach Beute.

Beim Spielen behandelt die Katze das Spielzeug wie ein Beutetier.

Festmahl

Der Tiger kann mit einem Biss selbst einen kräftigen Knochen knacken.

Serval

Mahlzeit!

Kleinkatzen wie der Serval hocken sich zum Fressen hin. Sie fangen beim Kopf an, den sie im Ganzen und fast ohne zu kauen verschlingen. Großkatzen dagegen legen sich zum Fressen meist hin.

Kinder**stube**

Katzenjunge heißen auch Welpen, genau wie kleine Hunde. Alle Katzenbabys sind blind, bis sie mindestens neun Tage alt sind. Hauskatzen suchen sich einen sicheren, dunklen Platz, um ihre Jungen zu bekommen, zum Beispiel eine Schublade oder einen Schrank. Ein Wurf besteht meist aus etwa vier Kätzchen. Die Kleinen wachsen rund 63 Tage im Bauch der Mutter heran und werden nach der Geburt sechs bis acht Wochen lang gesäugt, bevor sie anfangen, Fleisch zu fressen. In der Natur findet die Geburt meist in einer Höhle statt. Löwenjunge kommen nach 100 bis 119 Tagen zur Welt und werden bis zu acht Monate lang gesäugt.

Kinderspiel
Das Kätzchen auf diesem japanischen Bild spielt mit einem Wollknäuel. Im Spiel lernen und üben die Kleinen das Fangen und Jagen.

Löwenpaarung
Ist eine Löwin paarungsbereit, bleibt der Chef des Rudels in ihrer Nähe und hält andere Männchen fern. Innerhalb von zwei bis drei Tagen paaren sich die beiden dann viele Male.

Hauskatzenpaarung
Eine Katze erlaubt einem Kater nur, sich mit ihr zu paaren, wenn sie rollig ist. Bei Hauskatzen geschieht das meist zweimal im Jahr. Während der Rolligkeit kann sich die Katze mit mehreren Katern paaren (S. 81).

Familienbande
Auch wenn Hauskatzen in der Wohnung leben und keinen Kontakt zur Natur haben, sind ihre Instinkte dieselben wie bei Wildkatzen. Diese Kätzchen werden nicht mehr gesäugt, aber die Mutter beschützt und putzt sie weiterhin. Sie bringt ihnen auch bei, wie man sich putzt und wo das Katzenklo steht.

Über dem flauschigen Unterfell wächst das weiche Erwachsenenfell.

Jungfell

Das Fell von Jungtieren ist oft anders gezeichnet als das der Erwachsenen. Die Flecken und Streifen dieses Pumababys verblassen allmählich, wenn es größer wird. Siamkatzen werden weiß geboren. Die dunklen Abzeichen zeigen sich erst im Erwachsenenalter.

Balgerei

Spielen ist sehr wichtig für die Kätzchen. Sie müssen lernen, wie man kämpft, aber auch, wann man aufhören muss, um nicht verletzt zu werden. Das Spielen trainiert die Muskeln und die Reaktionsfähigkeit der Kleinen.

Die Beine sind zuerst noch etwas krumm und wackelig.

Sicherer Griff

Katzenmütter tragen ihre Jungen beim ersten Anzeichen von Gefahr weg. Diese Löwin ergreift die lockere Haut am Hals des Jungen mit den Zähnen und hebt es hoch, ohne ihm wehzutun.

Rote Abessinierkätzin mit Jungen

Durch das Putzen mit ihrer rauen Zunge gewöhnt die Mutter die Jungen an die Gerüche anderer Katzen.

Die Kätzin hat mehrere Zitzenpaare zum Säugen. Jedes Junge hat seine eigene Zitze und trinkt aus keiner anderen.

Typisch **Katze**

Hauskatzen haben sich zwar an das Zusammenleben mit Menschen angepasst, aber sie zeigen noch viele Verhaltensweisen ihrer Vorfahren. Wildkatzen und Hauskatzen bringen ihre Jungen an sicheren, dunklen Orten zur Welt, tauschen ihren Duft untereinander aus und jagen allein (bis auf den Löwen). Alle Katzen markieren zudem ihr Revier, indem sie Urin versprühen und Kot offen ablegen. Großkatzen und Kleinkatzen begrüßen sich mit zirpenden Geräuschen und Jaulen. Alle Katzen schlafen viel, meistens tagsüber, damit sie nachts fit für die Jagd sind.

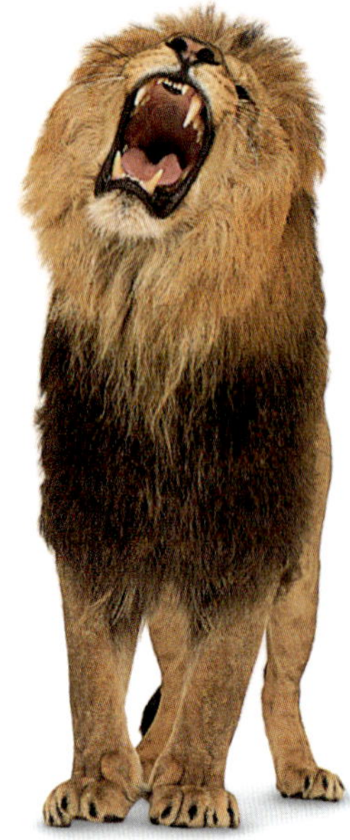

Mit Gebrüll

Das Brüllen eines Löwen gehört zu den Furcht einflößendsten Tierlauten überhaupt. Dabei will er damit gar nicht seine Beute erschrecken, sondern kommuniziert auf diese Weise mit seinem Rudel.

Nickerchen

Katzen schlafen viel. In heißen Ländern kommen sie bis auf 18 Stunden Schlaf pro Tag. Das Jagen und Fressen verschieben sie in die kühleren Stunden. Der Schlaf verteilt sich auf viele kürzere Nickerchen, oft mit einem halb offenen Auge.

Freund ...

Katzen bleiben gern auf Abstand. Diese Katze nimmt eine Verteidigungsstellung ein, weil ihr der Kater offenbar zu nahe kommt.

Schmusekatzen

Zusammenlebende Katzen wie Hauskatzen oder Löwen versichern sich gegenseitig durch Köpfereiben, dass sie friedlich gestimmt sind.

Duftmarken

Alle Katzen markieren ihr Revier mit Urin und den Sekreten ihrer Duftdrüsen. Dazu nähern sie sich rückwärts einem aufrechten Objekt (zum Beispiel einem Baum), heben das Hinterteil und spritzen mit erhobenem Schwanz einen Strahl stark riechender Flüssigkeit dagegen. Dieser Ablauf ist bei allen Katzen gleich.

Verschönerungsarbeiten

Katzen verbringen viel Zeit mit dem „Krallenwetzen". In Wirklichkeit dehnen sie dabei ihren Körper, indem sie ihre Krallen in einen Baumstamm (oder ins teure Sofa!) schlagen und nach unten ziehen. Das reinigt die Krallen und trainiert die Muskeln in Pfoten und Beinen. Gleichzeitig hinterlassen sie so eine sichtbare Markierung für andere Katzen, dass dieses Revier schon besetzt ist.

Der leicht gekrümmte Rücken lässt den Kater größer aussehen.

Der zuckende Schwanz verrät Aufregung.

Krallen schärfen

Löwen können beim „Krallenwetzen" die Rinde von einem Baum reißen.

... oder Feind?

Katzen testen oft vorsichtig mit der Pfote die Reaktion des Gegenübers. Weil die weiße Katze unfreundlich reagiert, schleicht dieser Kater vermutlich gleich davon. Um Verletzungen zu vermeiden, begnügen sich Hauskatzen oft mit Fauchen, Ducken und Rückzug, statt zu kämpfen.

Katzenrolle

Alle Katzen rollen sich auf den Rücken, um Zuneigung zu zeigen oder wenn ein Weibchen rollig ist (S. 24). Sie zeigen ihren Bauch nur, wenn sie sich sicher fühlen.

Ich mag dich!

Durch das Reiben an Menschenbeinen zeigt die Katze Zuneigung und überträgt ihren Duft.

König **der Tiere**

Vor über 10 000 Jahren streiften Löwen durch ganz Europa, Asien und Afrika. Außer einer kleinen Gruppe im Nordwesten Indiens gibt es diese Tiere heute nur noch in Afrika. Sie leben in Familiengruppen oder Rudeln aus bis zu 12 Mitgliedern. Weil sie gemeinsam jagen, können sie Beute erlegen, die größer ist als sie selbst. Löwenmännchen verteidigen ihr Revier, indem sie die Grenzen abschreiten, brüllen und Urin versprühen. Auf die Jagd gehen meist die Weibchen. Jede Löwin bringt alle zwei Jahre etwa fünf Junge zur Welt. Wenn ein neuer Löwe ein Rudel übernimmt, tötet er oft die Jungen eines Weibchens, bevor er sich mit ihm paart.

Sternzeichen Löwe

Löwe-Geborene gelten als stolz, mutig und stark, genau wie der Löwe selbst.

Das Rudel

Im Löwenrudel gibt es mehr Weibchen als Männchen. Wenn ein Löwenmännchen erwachsen wird, jagt der Rudelchef es fort. Der Junglöwe sucht sich eine neue Gruppe von Löwinnen ohne Männchen. Seine Aufgabe ist es, das Revier des Rudels zu verteidigen.

König mit Harem

Mit seiner prächtigen Mähne, dem schweren Körper und den riesigen Eckzähnen ist das Männchen eindeutig der Chef und darf deshalb immer zuerst fressen, obwohl die Weibchen die Beute erlegen. Die kräftigen, geschmeidigen Löwinnen sind das Herz des Rudels und bleiben stets eng zusammen.

Ein Löwe kommt mehrere Tage ohne Wasser aus, aber er braucht

7 kg

Fleisch am Tag.

Mit ihren kräftigen Pranken fangen Löwen ihre Beute und halten sie fest.

Herkules

Der griechische Held Herkules sollte den Nemeischen Löwen töten. Dessen Haut war aber unverwundbar und so erwürgte Herkules ihn.

Persischer Löwe

Dieser Teller zeigt einen Löwen vor der aufgehenden Sonne. Das war das Symbol der persischen Könige.

RÜCKBLICK

Zahme Löwin

Die Naturforscherin Joy Adamson (1910–1980) und ihr Mann George zogen die Löwin Elsa auf. Als sie größer wurde, brachten sie ihr das Jagen bei und ließen sie frei. In ihrem Buch *Frei geboren* (1960) beschrieb Joy (Foto) ihre Erfahrungen.

Löwe und Löwin

Die Mähne lässt das Männchen größer aussehen, als es ist, um andere Männchen abzuschrecken.

Ohne Mähne kann die Löwin besser jagen.

Der **Tiger**

Tiger sind die größten und kräftigsten Katzen der Welt. Früher lebten sie in den Wäldern Indiens, Südostasiens und Chinas. Heute gibt es die gefährdeten Tiere nur noch in einigen Reservaten im tropischen Regenwald und in Sümpfen wie dem Gangesdelta in Indien. Die größten Tiger stammen aus den eisigen Wäldern Sibiriens, lediglich 400 bis 500 von ihnen leben heute dort. Ihr Lebensraum wurde allmählich zerstört und Wilderer töteten sie wegen ihres Fells und ihrer Knochen. Tiger jagen und verteidigen ihr Revier allein. Obwohl Katzen Wasser normalerweise meiden, sind Tiger gute Schwimmer und kühlen sich gern in Flüssen ab. Ihre Beute verstecken sie oft in dichtem Gebüsch oder im Wasser.

Sturmtiger

Auf diesem Bild des französischen Künstlers Henri Rousseau (1844–1910) ist der Tiger gut versteckt.

Tigerritt

Auf einem Bodenmosaik aus dem 1. bis 2. Jahrhundert, das in London entdeckt wurde, reitet Bacchus, der römische Gott des Weins, ganz gelassen auf einem Tiger.

Schwergewicht

Der Löwe gilt wegen seiner mächtigen Mähne und des stolzen Aussehens vielleicht als König der Tiere, aber der Tiger ist furchterregender. Indische Tiger wiegen bis zu 260 kg, der Sibirische Tiger ist sogar noch schwerer. Trotz ihrer Größe leben und jagen Tiger wie alle anderen Katzen.

EINBLICK

Tigerexperte
Der Zoologe Ullas Karanth setzte als Erster Kamerafallen ein, um die Zahl der Tiger in Wäldern zu bestimmen. Er gründete das Zentrum für Wildtierstudien in Indien. Seine Arbeit hat viel zum Schutz des Königstigers beigetragen. Karanth setzt sich außerdem für das friedliche Zusammenleben von Menschen und Tigern ein.

Tiger am Fluss

Dieses Bild des japanischen Künstlers Kishi Ganku (1749–1838) zeigt einen wilden Tiger an einem reißenden Fluss.

Der Künstler malte mit Tinte und Farbe auf Seide.

Massenmord

In Indien wurden Tiger immer respektiert, bis in der Mitte des 19. Jahrhunderts die Briten die Macht übernahmen. Das Töten von Tigern wurde damals zum Freizeitsport. Heute genießt der Tiger wieder mehr Achtung und die indische Regierung hat ein Schutzprogramm ins Leben gerufen.

Ein scharfes Gehör hilft bei der Jagd.

Mit einem einzigen Prankenhieb kann der Tiger seine Beute töten.

Menschenfresser?

Normalerweise töten Tiger keine Menschen. Manchmal kommt es aber doch vor, wenn ein Tiger zum Beispiel verletzt ist und nicht mehr jagen kann oder weil die Menschen die natürliche Beute in seinem Revier verjagt haben. In Indien bemüht sich die Regierung sehr, Menschen und Tiger voneinander fernzuhalten.

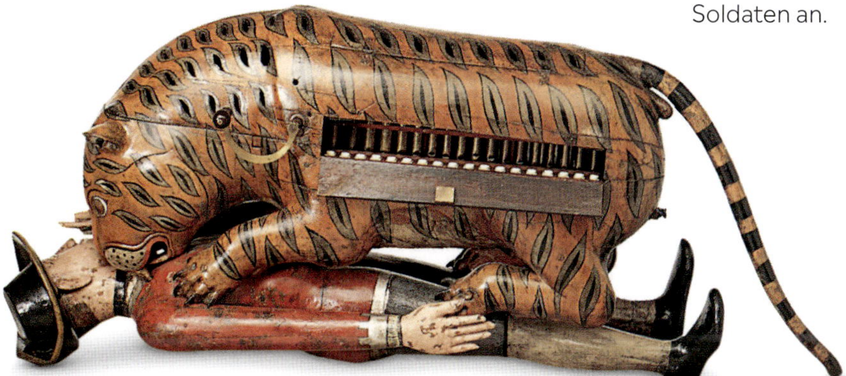

Spielzeugtiger
Dieser große mechanische Automat wurde um 1795 in Indien hergestellt. Zieht man ihn auf, fällt der Tiger den britischen Soldaten an.

Der **Leopard**

Leoparden leben im bewaldeten Grasland Afrikas und Südasiens. Trotz ihrer Größe sind sie geschickte Kletterer und erklimmen mühelos senkrechte Baumstämme. Die scheuen Tiere jagen stets im Verborgenen. Gelegentlich reißen sie Nutztiere, aber sie erlegen auch Tiere wie Paviane und Rohrratten, die Felder zerstören. Die Jungen bleiben bei ihrer Mutter, bis sie etwa zwei Jahre alt sind. Leoparden gelten auf der ganzen Welt als gefährdet, vor allem wegen der zunehmenden Zerstörung ihres Lebensraums und ihres sehr begehrten Fells.

Jagdleopard

Die reiche Familie de' Medici gab dieses Bild beim italienischen Maler Gozzoli für ihre Familienkapelle in Florenz in Auftrag. Zu sehen ist auch ein Leopard an der Leine, den sie für die Jagd hielten.

König des Dschungels

Diese Bronzetafel entstand im 16. oder 17. Jahrhundert im Königreich Benin im heutigen Nigeria. Der Leopard, genannt „König des Dschungels", spielte eine große Rolle in der beninischen Folklore. Wegen seiner Kraft, Schönheit, Gutmütigkeit und Weisheit galt er als König der Tiere.

Der Leopard brüllt selten. Er gibt eher eine Art knarzendes Bellen von sich.

In warmen Ländern ist sein Fell kurz und glatt, in kälteren Klimazonen deutlich dicker und wärmer.

In sicherer Höhe

Mit den schwarzen Flecken auf gelbbraunem Untergrund ist der scheue Leopard im Licht- und Schattenspiel der Blätter in den Bäumen oder im langen, trockenen Gras perfekt getarnt. Die großen Katzen schleppen ihre Beute oft hinauf in die Bäume. Auf dem Boden würden Hyänen und Schakale dem Einzeljäger das erlegte Tier sonst bald wegschnappen.

Der **Jaguar**

Der Jaguar ist die einzige Großkatze in Nord- und Südamerika. Er lebt vor allem in den tropischen Wäldern Südamerikas und kam bis vor Kurzem auch in den südlichen Bundesstaaten der USA noch häufig vor. Obwohl er unter Artenschutz steht, ist der Jaguar vom Aussterben bedroht, weil immer mehr Lebensraum zerstört wird. Der Jaguar ist größer als der Leopard, aber nicht so beweglich. Er geht allein auf die Jagd nach Tapiren, Schildkröten und anderen kleinen Tieren. Er kann zwar auf Bäume klettern, doch am liebsten jagt er am Boden oder im Wasser.

Teppich aus Tiwanaku

Dieser peruanische Wandteppich ist rund 1000 Jahre alt und zeigt, wie wichtig der Jaguar in der damaligen Gesellschaft war. Zu sehen ist ein Jaguarkopf, flankiert von zwei aufrecht stehenden Jaguaren.

Tapirjäger

Tapire bildeten früher einen großen Teil der Beute des Jaguars. Sie leben am Amazonas, sind aber inzwischen sehr selten.

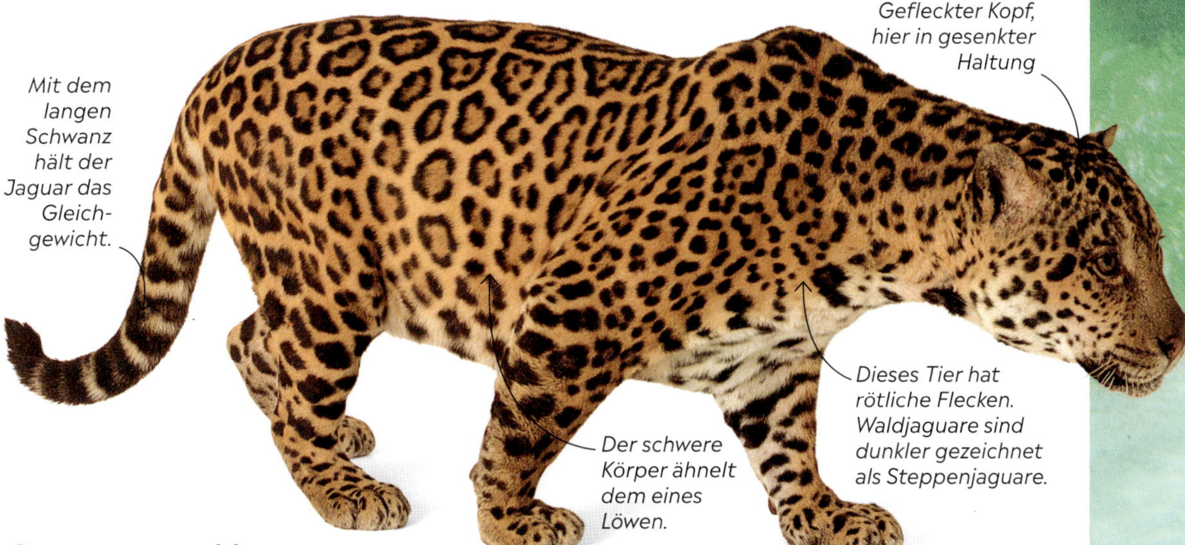

Grunzen und knurren

Der Jaguar ist nicht so kühn wie der Leopard und bewegt sich langsamer. Im Gegensatz zu den meisten Großkatzen brüllt er selten. Beim Jagen grunzt er eher und bei Bedrohung knurrt er.

Fleckenlos

„Schwarzer Panther“ nennt man einen Leopard, der wegen einer bestimmten Genkombination ein schwarzes Fell ohne sichtbare Flecken hat. Er verhält sich genau wie ein gefleckter Leopard und paart sich auch mit ihm.

Wenn man genau hinsieht, erkennt man das Muster aus Flecken oder Rosetten.

Panther
Bei diesem Tier sieht man die Flecken noch ganz schwach. Dieser Felltyp kommt am häufigsten in Südostasien vor.

Baghira
Der schwarze Panther Baghira spielt eine wichtige Rolle in Rudyard Kiplings *Dschungelbuch.*

Schneeleopard

Diese sehr seltene Großkatze gehört nicht zur selben Art wie der echte Leopard. Der Einzelgänger kommt nur in den Hochgebirgen Zentralasiens vor.

Der Schwanz ist lang und dunkel gefleckt.

Mit den scharfen Krallen kann der Leopard besonders gut Beute schlagen und auf Bäume klettern.

Wasserkatze

Jaguare sind gute Schwimmer und können sogar Krokodile töten. Die Menschen am Amazonas glauben, dass Jaguare Fische an die Oberfläche locken, indem sie mit dem Schwanz zucken. Dann schnippen sie sie mit der Pfote aus dem Wasser. Auch Wasserschildkröten sind eine beliebte Beute.

Dieser Jaguar im Zoo von Bordeaux-Pessac in Frankreich hat einen Fisch gefangen.

Kult

In der südamerikanischen Mythologie spielt der Jaguar eine große Rolle. Dieses Gefäß aus Peru zeigt einen Jaguar, der sein Opfer frisst.

EINBLICK

Jaguarschutz

Der bekannte Wildkatzenforscher Dr. Alan Rabinowitz (1953–2018) gründete in Belize das erste Jaguar-Schutzgebiet der Welt. Als Kind hatte er einem Jaguar im Zoo versprochen, sich für den Schutz der Jaguare und anderer Wildkatzenarten einzusetzen. Seine Geschichte erzählte er 2014 in einem Buch für Kinder.

Rotluchs

Sein geflecktes Fell tarnt den Rotluchs zwischen Felsen und Gebüsch. Rotluchse ernähren sich von Tieren, die etwa so groß sind wie ein Hase. Bei der Paarung jaulen sie wie Hauskatzen, nur lauter und schriller. Das Weibchen zieht sich zur Geburt der Jungen in eine mit Gras oder Moos ausgepolsterte Höhle zwischen Felsen zurück.

Gebirgs**jäger**

Gefangen

In Nordamerika dürfen Kanadische Luchse und Rotluchse gejagt werden. Tausende Rotluchse werden jedes Jahr wegen ihres dichten Fells gefangen, oft in solchen brutalen Fallen.

Luchse und Pumas gehören zu den Kleinkatzen, obwohl sie gar nicht so klein sind. Der Puma ist die größte aller Kleinkatzenarten. Die vier Luchsarten unterscheiden sich von den anderen Katzen durch ihren sehr kurzen Schwanz. Rotluchs und Kanadischer Luchs leben in Nordamerika, der Eurasische Luchs kommt in Europa und Asien vor, der Pardelluchs nur in Spanien und Portugal. Der Puma ist in Nord- und Südamerika verbreitet.

Puma

Der Puma ist an den windigen Küsten Südamerikas ebenso zu Hause wie in den Bergen im Westen der USA. Er versteckt sich zwischen den Felsen und ist ein guter Kletterer. Pumas haben riesige Reviere und legen auf der Suche nach Beute große Entfernungen zurück.

Szenenwechsel

Pumas sind zwar oft im Gebirge zu finden, leben aber auch in tropischen Regenwäldern.

Luchs mit Sommerfell

Luchs mit Winterfell

Luchs

Der Luchs ist optimal an das Leben in hoch gelegenen Kiefernwäldern mit dichtem Unterholz angepasst, wo sein bräunliches Fell ihn zwischen Moos und Felsen fast unsichtbar macht. Die langen Haarpinsel an den Ohren helfen ihm wahrscheinlich, im Wald besser zu hören. Im Winter funktionieren seine pelzigen, großen Pfoten wie Schneeschuhe.

Pumagott

Um 600 v. Chr. wurde der Puma in der Mochica-Kultur in Peru als Gott verehrt.

Das Fell kann unterschiedlich gefärbt sein, aber der Bauch ist immer hell.

Der pelzige Schwanz mit der schwarzen Spitze ist im Gegensatz zu dem der Luchse lang.

Die Hinterbeine sind länger als die Vorderbeine. Das macht den Puma zu einem guten Schleichjäger.

EINBLICK

Pumaprojekt

Ein feldbiologisches Team des Santa Cruz Puma Project in den USA studiert Verhalten, Physiologie (Körperfunktionen) und Lebensraum von Pumas. Die Teammitglieder versehen die Tiere mit einem Senderhalsband, das ihnen verrät, wo sie gerade sind. Die Daten helfen auch anderen Artenschutzorganisationen bei ihrer Arbeit.

Wüsten-
wanderer

Viele Katzen leben in der Savanne, im Flachland und in der Wüste, dort jagen sie kleine Tiere wie Vögel, Nager und Schlangen. Sie haben längere Beine als die Katzen in den Wäldern und können über kurze Entfernungen schnell laufen, um größeren Raubtieren wie Hyänen zu entkommen. Der Karakal wird wegen der langen Ohrpinsel auch „Wüstenluchs“ genannt, hat aber keinen kurzen Schwanz wie ein Luchs. Das Fleisch des Servals wurde in Ostafrika früher gegessen. Aus seinem Pelz stellte man Mäntel her.

Schwarze Ohren mit etwa 4,5 cm langen Haarpinseln

Lange, kräftige Beine für schnelle Sprints

Karakal

„Karakal“ kommt aus dem Türkischen und bedeutet „Schwarzohr“. Das Tier ist in Afrika, Indien und Westasien zu Hause. Das Weibchen bringt in einer Felsenhöhle, einem Erdbau oder im Unterholz zwei bis drei Junge zur Welt. In der Paarungszeit machen Karakale mögliche Partner mit lautem Bellen auf sich aufmerksam.

Ein Karakal erbeutet einen jungen Strauß.

Vogeljäger

In Indien und Persien (heute Iran) wurde der leicht zähmbare Karakal darauf abgerichtet, Hasen und Vögel zu jagen. Oft springt die Katze hoch in die Luft, um einen fliegenden Vogel mit der Pfote zu Boden zu bringen. Karakale sind gute Kletterer und stürzen sich auch auf große Vögel oder töten sogar Adler, die sich auf Bäumen ausruhen.

Bis zum Hals

Der Karakal lebt in Gras- und Trockensavannen sowie in Halbwüsten.

Sandkatze

Die sehr scheue Sandkatze lebt in der Sahara und den Wüsten Westasiens. Die Tageshitze verschläft sie in einem Dünenbau oder im Gebüsch. Nachts kommt sie heraus, um Eidechsen und Mäuse zu jagen. Sie muss nicht trinken, weil sie ihre Feuchtigkeit aus der Beute bezieht. Mit ihren dicken, pelzigen Sohlenpolstern läuft die Sandkatze flink über lockeren Sand und ist mit ihrem gelbbraunen Fell perfekt getarnt.

Serval

Mit seinem kleinen Kopf, dem gefleckten Fell und den langen Beinen erinnert der afrikanische Serval an einen kleinen Gepard. Der ausgezeichnete Kletterer jagt kleine Tiere und fängt Vögel. Servale leben gern in der Nähe von Wasser.

Schwarzfußkatze

Diese wilde Katze ist die kleinste aller Wildkatzenarten. Ihren Namen verdankt sie ihren schwarzen Fußsohlen. Sie lebt in offenen Halbwüsten im südlichen Afrika.

Wald**katzen**

Die meisten Kleinkatzen leben in Wäldern oder Dschungeln auf jedem Kontinent außer in Australien und der Antarktis. Waldkatzen fressen mehr oder weniger alles, was sie erbeuten können. Sie sind hübsche Tiere mit einem kräftigen, beweglichen Körper, geflecktem oder gestreiftem Fell und großen Augen für die Jagd bei Nacht (S. 16–17). Im Allgemeinen hört man sie nicht, nur die Männchen versuchen, ihre Rivalen durch Jaulen zu vertreiben. Alle Arten sind vom Aussterben bedroht, weil ihr Lebensraum zunehmend zerstört wird und sie noch immer wegen ihres Fells gejagt werden.

Langschwanzkatze

Die Langschwanzkatze sieht aus wie ein kleiner Ozelot, ist aber schlanker. Ihre Beine und der Schwanz sind länger. Sie lebt in den Wäldern Südamerikas und jagt Vögel.

Bengalkatze

Die Bengalkatze ist die häufigste Wildkatze Südasiens. Sie sieht einer Hauskatze sehr ähnlich und kann gut klettern und schwimmen. In China heißt sie auch „Geldkatze“, weil ihre Flecken aussehen wie Münzen.

Ozelot

Der Ozelot besiedelt vor allem Wälder, aber auch Buschsavannen von Arizona (USA) bis nach Argentinien. Ozelote leben oft in Paaren, sie jagen tagsüber und können gut schwimmen. In Mexiko wird der Ozelot wegen seiner Streifen am Hals auch „kleiner Tiger“ genannt. Er ist die am häufigsten gejagte Kleinkatze in Südamerika.

Ozelot

Flachkopfkatze

Diese seltene, scheue Katze ist in Indien und Teilen Südostasiens. verbreitet Die weißen Spitzen ihres dunkelbraunen Fells verleihen ihr ein silbriges Aussehen. Sie lebt an Flussufern, wo sie vermutlich Fische, Frösche, Vögel und kleine Säugetiere jagt.

Die Flecken am Schwanzansatz werden an der Spitze zu Ringen.

Kleinfleckkatze

Die Kleinfleckkatze lebt in den Wäldern und Dschungeln Südamerikas. Weil sie auch in großer Höhe vorkommt, wird sie in Argentinien „Bergkatze“ genannt. Den Tag verschläft sie oft auf einem Baum.

Kein Platz

Wenn die Abholzung der Wälder und Dschungel so weitergeht, ist das Gleichgewicht der Natur bald für immer zerstört. Die hüschen Waldkatzen werden dann aussterben.

Sprinter**katze**

Der Gepard gilt als schnellstes Landtier der Welt. Während alle anderen Katzen Schleichjäger sind (S. 10–11), ist er ein Hetzjäger. Er gehört daher zu einer eigenen Gruppe, die sich von den anderen Großkatzen unterscheidet. Der Gepard schleicht sich nach Katzenart an seine Beute heran, jagt einer Gazelle oder Antilope dann aber hinterher und tötet sie mit einem Biss in den Hals. Er frisst auch Perlhühner, Hasen und sogar Strauße. Das Gepardenweibchen lebt allein und lässt Männchen nur in seine Nähe, wenn es paarungsbereit ist (S. 24). Die Männchen sind oft in Kleingruppen zusammen, aber nur das dominante Männchen aus diesem Bund paart sich mit einem Weibchen.

Mutation
Beim südafrikanischen Königsgepard verschmelzen die Flecken am Rücken durch eine seltene Mutation zu Streifen.

Ungeschützt
Der Gepard muss für einen besseren Halt beim Sprint die Krallen ausfahren. Anders als andere Katzenarten hat er deshalb keine schützenden Krallenscheiden und kann die Krallen nicht einziehen.

Flauschig
Junge Geparde tragen an Hals und Schultern dickeres Fell, das eine Art Mähne bildet. Erwachsene Tiere haben diese Mähne nicht.

Das silbrig graue Fell am Rücken hilft bei der Tarnung.

EINBLICK

Gepardenschutz
Die amerikanische Zoologin Laurie Marker (ganz rechts) gründete 1990 in Namibia eine Geparden-Schutzorganisation und errichtete ein Geparden-Forschungszentrum. Sie engagiert sich sehr für den Schutz dieser Katzenart und wildert auch Geparden aus der Gefangenschaft wieder aus. Sie konnte sogar namibische Viehzüchter überzeugen, keine Geparden mehr zu töten.

Seltener Anblick

Die Anzahl der Geparde sinkt stetig. In Wildparks werden die Tiere von Touristen gestört und Wilderer töten sie nach wie vor wegen ihres Fells. Früher waren Geparde weitverbreitet, heute leben sie nur noch in wenigen Teilen Afrikas und im Iran.

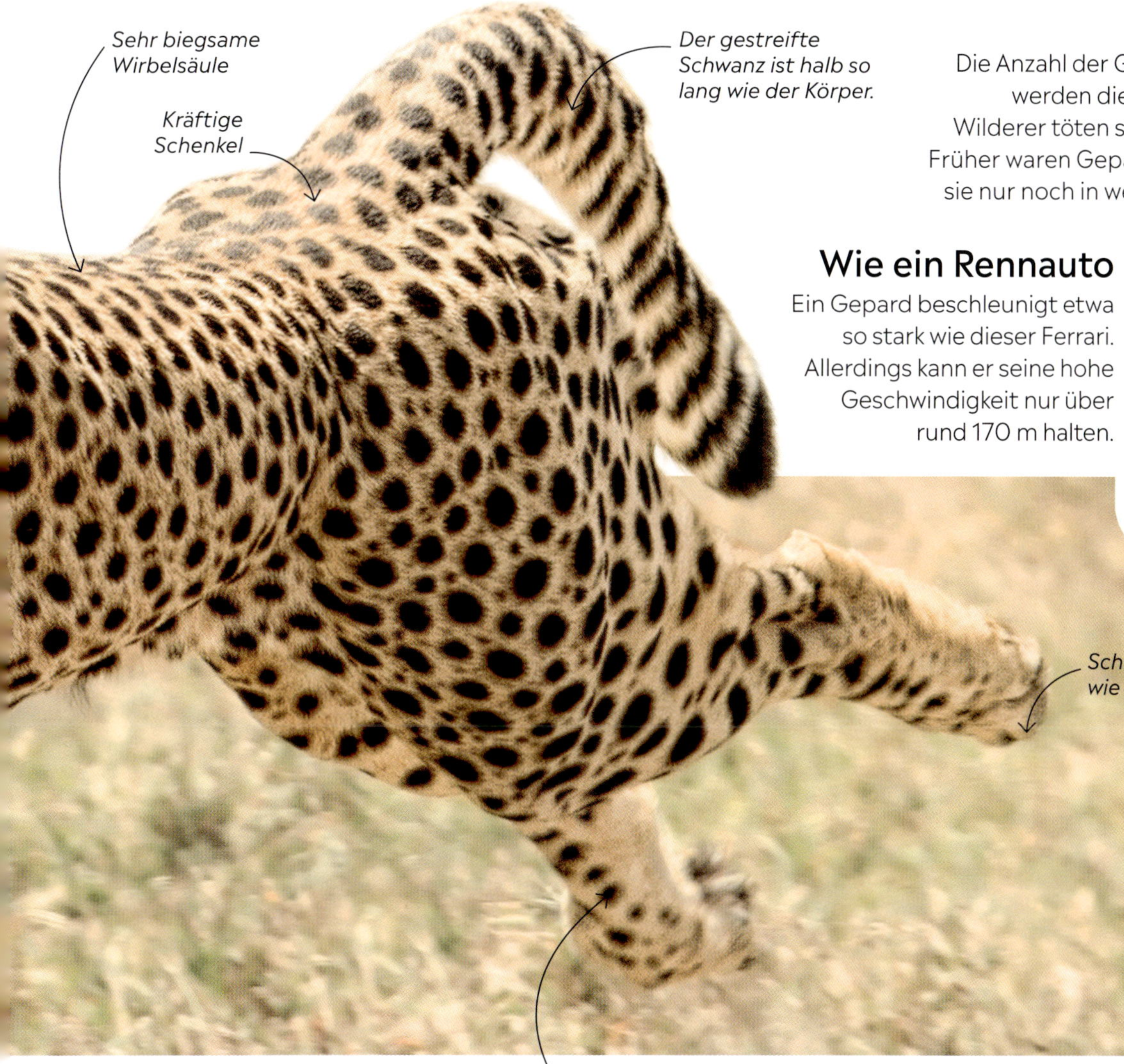

Wie ein Rennauto

Ein Gepard beschleunigt etwa so stark wie dieser Ferrari. Allerdings kann er seine hohe Geschwindigkeit nur über rund 170 m halten.

Rekordsprinter

Mit seinen langen Beinen und dem beweglichen Rücken kommt der Gepard auf Geschwindigkeiten von 100 km/h. Aus dem Stand erreicht er seine Höchstgeschwindigkeit in drei Sekunden. Geparde jagen bei Tag und verstecken ihre Beute oft im Gebüsch vor anderen Raubtieren wie Hyänen.

Auf Wanderschaft

Solange die Jungen noch sehr klein sind, versteckt die Mutter sie im hohen Gras. Alle paar Tage bringt sie sie an einen anderen Ort.

Gepardenmütter kümmern sich 16–24 Monate lang um ihre Jungen.

Verwandte

Die vielen verschiedenen Hauskatzenrassen stammen alle von der Afrikanischen Wildkatze (*Felis lybica*) ab. Die Kleinkatze lebt in der afrikanischen Savanne und in Teilen Asiens. Die Europäische Wildkatze (*Felis silvestris*) ist stämmig gebaut und hat ein dichtes Fell gegen die Kälte. Im Vergleich zu ihr hat die Afrikanische Wildkatze einen schmaleren Körper, längere Beine und ein kürzeres Fell. Die Asiatische Wildkatze (*Felis silvestris ornata*) lebt in heißen, trockenen Klimazonen Indiens und Zentralasiens und ist meist gefleckt. Ihr Fell weist unterschiedliche Färbungen auf, doch die Weibchen sind meist heller als die Männchen.

Wilde Schottin

Die wenigen Europäischen Wildkatzen in schottischen Wäldern sind dort vom Aussterben bedroht, weil sie sich mit verwilderten Hauskatzen paaren (S. 60–61).

Kleine Wilde

Mit etwa 12 Wochen gehen die Jungen mit ihrer Mutter auf die Jagd, mit fünf Monaten sind sie selbstständig. Junge Schottische Wildkatzen lassen sich nur sehr schwer zähmen.

Falbkatze

Die Afrikanische Wildkatze wird auch „Falbkatze“ genannt. Sie besiedelt viele Lebensräume in Afrika und ist weniger scheu als andere Wildkatzenarten. Sie paart sich auch mit Hauskatzen.

Steppenkatze

Die Asiatische Wildkatze heißt auch „Steppenkatze“. Sie paart sich mit der Europäischen und der Afrikanischen Wildkatze sowie mit Hauskatzen. Sie hat einen langen Schwanz mit schwarzer Spitze und schwarze Fußsohlen.

Ausgefranste Ohren, wahrscheinlich durch Kämpfe

Steppenkatze

Hauskatze

Diese Tigerkatze unterscheidet sich in Aussehen und Verhalten nicht wesentlich von ihren wilden Vorfahren.

Schleichkatzen

Zibetkatzen und Ginsterkatzen sind keine echten Katzen. Sie gehören zur Raubtiergruppe der Schleichkatzen, genau wie die Mangusten. Ihr Kopf erinnert an den einer Katze, unterscheidet sich aber im Schädelbau.

Ginsterkatze
Der Kopf ähnelt dem einer Katze, der Schwanz ist aber viel länger und buschiger.

Zibetkatze
Zibetkatze und Ginsterkatze leben in Wäldern und jagen nachts. Ihr Fell ist gefleckt oder gestreift.

Die Zähmung der Katze

Wahrscheinlich zog es Katzen in die Nähe menschlicher Siedlungen, weil es in den Getreidespeichern viele Ratten und Mäuse gab. Die Menschen erkannten bald, dass Katzen nützlich sind, und sorgten dafür, dass sie sich bei ihnen wohlfühlten. Neuere Studien zeigen, dass dies etwa 10 000 Jahre her ist. Auf Zypern fand man ein 9500 Jahre altes Grab, in dem eine Katze neben einem Menschen begraben lag. Sie könnte eine der ersten Hauskatzen auf der Welt gewesen sein. Zur Blütezeit der ägyptischen Kultur vor 3000 Jahren war die Katze schon ein häufiges Haustier und wurde schließlich zu einem der heiligsten Tiere in Ägypten. Heute leben fast überall auf der Welt Hauskatzen.

In Leinen gewickelte Katzenmumie

Katzenmumie

Wenn im alten Ägypten eine der heiligen Katzen starb, wurde ihr Körper mumifiziert und so vor der Verwesung geschützt. Man umwickelte ihren Körper mit Binden und bestattete sie sin speziellen Gräbern.

Katzenfigur mit kalligrafischen Verzierungen

Perser

Die Katze aus Persien (heute Iran) mit dem langen, weichen Fell gehört zu den ältesten Hauskatzenrassen. Dieses Gefäß aus dem 13. Jahrhundert ähnelt allerdings eher einer gefleckten Hauskatze als einer Langhaarkatze (S. 56–57). Die Vorfahren der meisten heutigen langhaarigen Rassekatzen wurden im 18. und 19. Jahrhundert aus der Türkei und dem Iran nach Europa gebracht.

Vogelfänger am Vesuv

Dieses Mosaik einer Katze mit einem Vogel wurde beim Ausbruch des Vesuvs im Jahr 79 verschüttet und blieb nahezu unversehrt erhalten.

Ägyptische Mau

Ebenbild

Mau ist das altägyptische Wort für „Katze“. Die gefleckte Ägyptische Mau wurde erstmals in den 1950er-Jahren in den USA gezüchtet. Doch mit ihrem anmutigen Körper, den grünen Augen und dem hellen Fell ähnelt sie sehr den Katzen im alten Ägypten.

EINBLICK

Katzen aus der Vergangenheit

2018 entdeckte ein ägyptisches Archäologenteam in einem 4500 Jahre alten Grab in Sakkara (Ägypten) zahlreiche Katzenmumien, rund 100 vergoldete Katzenstatuen aus Holz und eine Bronzestatue der Katzengöttin Bastet. Man nimmt an, dass Katzen im alten Ägypten den Göttinnen und Göttern geopfert wurden.

Jagdkatze

Dieser Ausschnitt aus einem Wandbild in einem ägyptischen Grab (etwa 1400 v. Chr.) zeigt eine Katze mit zwei Vögeln in den Pfoten und einem Vogel im Maul. So hilft sie ihrem Besitzer bei der Jagd.

Katzengöttin

Die alten Ägypter verehrten die Göttin Bastet, die meist als Frau mit einem Katzenkopf dargestellt wird. Oft hat sie ein Sistrum (Musikinstrument) und eine Ägis (Schild) mit dem Kopf einer Löwin darauf in der Hand.

Weil Katzen im alten Ägypten als heilig galten, sind sie oft in Schmuckstücken zu sehen wie an diesem Goldring.

Schlangentöter

Hier tötet der ägyptische Sonnengott Ra in Gestalt einer Katze Apophis, die Schlange der Finsternis.

Mythen und **Märchen**

Katzen spielten in Märchen und Sagen schon immer eine große Rolle. Ein Grund dafür könnte sein, dass sie so geheimnisvoll sind: Tagsüber oft schläfrig und anhänglich, werden sie nachts zu lautlos schleichenden Jägern. Im späten Mittelalter wurden in Europa viele Katzen getötet, weil sie mit Hexerei in Verbindung gebracht wurden. In Asien dagegen, zum Beispiel in Myanmar, verehrte man sie für ihre Zauberkräfte. Auch auf Schiffen waren Katzen willkommen, weil viele Seeleute glaubten, dass sie Stürmevorhersagen konnten.

Katzengeister

In Japan glaubte man, dass Katzen sich nach dem Tod in Geister verwandeln konnten. Vielleicht lag das daran, dass im Buddhismus der Katzenkörper als Ruheort für die Seelen besonders religiöser Menschen gilt.

Heilige Birma

Die Birma-Katze gilt in Myanmar (früher Birma) als heilig. Der Legende nach wurde ein heiliger Tempel einmal vor einem Angriff gerettet, weil sich eine weiße Tempelkatze in eine Birma-Katze verwandelte.

Freya

In der Renaissance wuchs in Europa das Interesse an der nordischen Liebesgöttin Freya, deren Streitwagen von Katzen gezogen wurde. Um dem heidnischen Glauben ein Ende zu setzen, ließ die Kirche unzählige Katzen töten.

Hexenhelfer

Im Mittelalter galt die Katze als „Familiar" der Hexe (ihre Verbindung zum Teufel). Viele Menschen glaubten außerdem, dass Hexen sich in Katzen verwandeln konnten. Tausende Katzen landeten in dieser Zeit in Europa auf dem Scheiterhaufen.

Bösewicht

James Bonds Erzfeind Ernst Blofeld hatte immer eine weiße Perserkatze auf dem Schoß.

Schwarze Britisch Kurzhaar

Gestiefelter Kater

In Südfrankreich glaubte man früher an *matagots* (Zauberkatzen). Eine der bekanntesten war der gestiefelte Kater aus einer Geschichte von Charles Perrault.

Aberglaube

Ob eine schwarze Katze Glück oder Pech bringt, kommt auf das Land an. In Großbritannien bringt es Glück, wenn einem eine schwarze Katze über den Weg läuft. Bei uns verheißt eine schwarze Katze, die von links an uns vorbeiläuft, Unheil.

Edel**katzen**

Mitte des 19. Jahrhunderts kamen exotische Katzen als Haustiere in Mode und es wurden Vereine gegründet, um Rassestandards festzulegen. Im 20. Jahrhundert wurden viele Rassen neu gezüchtet, die sich sehr von den wilden Vorfahren der Katze unterschieden. Das typische Katzenverhalten bleibt aber bei allen Katzenrassen gleich. Damit eine Katze zutraulich wird, muss sie von Geburt an Kontakt mit Menschen haben. Kätzchen aus großen Katzenzuchtstationen sind später oft verhaltensgestört, weil sie zu wenig Kontakt mit Menschen hatten und der Mutter zu früh weggenommen wurden.

RÜCKBLICK

Erste Katzenausstellung

1871 veranstaltete der Brite Harrison Weir (1824–1906) in London die erste Katzenausstellung. Sieger wurde ein Perserkätzchen. 1887 gründete Weir den National Cat Club. Bis 1890 war er Präsident und kümmerte sich um die Ausstellungen. 1889 veröffentlichte er ein illustriertes Buch, in dem er die Rassekatzen jener Zeit beschrieb.

Die Russisch Blau hat eine keilförmige Schnauze, die Ohren sind groß und leicht spitz geformt.

Die Ohren sind manchmal fast durchscheinend.

Weil die Russisch Blau wahrscheinlich aus der russischen Stadt Archangelsk (dt.: Erzengel) stammt, wurde sie früher auch „Blauer Erzengel" genannt.

Weit auseinanderstehende, fast türkisfarbene Augen

Blaue Schönheit

Die Russisch Blau heißt so, weil sie wahrscheinlich aus Russland stammt. Eine der berühmtesten Vertreterinnen war Waschka, die Katze von Zar Nikolaus I. (1796–1855).

Lange, feingliedrige Beine mit kleinen, ovalen Pfoten

Gut frisiert

Langhaarkatzen brauchen viel Pflege. Das tägliche Bürsten verhindert das Verfilzen und entfernt lose Haare (S. 62).

Der 14. Gast

1898 speisten 13 Personen im Hotel Savoy in London. Der erste Gast, der ging, wurde kurz darauf getötet – wie es ein alter Aberglaube voraussagte. Heute sitzt im Savoy der Holzkater Kaspar an jedem Tisch mit 13 Personen.

Red Self

Diese Katzen sind relativ selten. Ihr Fell darf keine Schattierungen oder Tabby-Zeichnungen haben.

Aufgrund ihrer flachen Nase bekommen manche Red-Self-Katzen nur schlecht Luft.

Preisverdächtig

Ausstellungen für Rassekatzen wie diese Birma-Katze sind wahrscheinlich ein Grund dafür, warum es heute so viele Katzenrassen gibt. Viele Menschen sind jedoch gegen Zuchtexperimente, weil sie oft zu chronischen Gesundheitsproblemen führen.

Kurzhaar**katzen**

Amerikanische Porträts, wie dieses von Ammi Phillips (1788–1865), bildeten oft auch das Haustier der Familie ab.

Langhaarkatzen gibt es erst seit 500 Jahren. Bis heute haben die meisten Katzen kurzes Fell, weil ein langes Fell sie in der Natur eher behindern würde. Bei den kurzhaarigen Edelkatzen unterscheidet man drei große Gruppen: Die Europäischen Kurzhaarkatzen sind stämmig und muskulös und haben kurze Beine. Die Rasse American Shorthair ist etwas größer und schlanker mit längeren Beinen. Zu den beliebtesten Rassen gehören heute die seidigen orientalischen Kurzhaarrassen, zu denen auch Siamkatze, Burmakatze und Abessinier zählen. Daneben gibt es kurzhaarige Katzen in allen Formen und Größen, die keiner bestimmten Rasse angehören.

Handarbeitsgehilfen

Im frühen 20. Jahrhundert waren Kätzchen oft auf Geburtstags- und Postkarten zu finden.

Abessinier

Die anmutige Abessinier-Katze soll aus Abessinien (heute Äthiopien) stammen. Ihr Fell kann unterschiedliche Farben haben, etwa Braun, Hellbraun, Blau, Fawn (Beige), Lilac (Grau mit Rosaschimmer) und Silber.

Glückskatze

Schildpatt-weiße Katzen sind fast immer Weibchen. Um den beliebten Farbmix zu züchten, muss ein Schildpatt-Weibchen mit einem einfarbig schwarzen, roten oder cremefarbenen Männchen gekreuzt werden. Doch selbst dann ist nur ein oder gar kein schildpatt-weißes Junges im Wurf. Die wenigen Kater mit dieser Fellfarbe sind meist unfruchtbar.

Ausblick

Diese Tigerkatze hat alles im Blick. Nicht reinrassige Katzen sind oft weniger nervös als Rassekatzen und geben in der Regel gute Haustiere ab.

Korat

Die blaugraue Korat-Katze gehört zu den ältesten Katzenrassen und stammt ursprünglich aus Thailand. In den 1950er-Jahren kam die Rasse in die USA, nach Europa erst in den 1970er-Jahren. Sie ist vom Charakter her sanft und etwas nervös.

Burma

Wie der Abessinier wird auch die Burma-Katze in vielen Farben gezüchtet. Braune Burmesen lebten schon im 15. Jahrhundert in Myanmar in Tempeln. Die anhängliche, intelligente Katze schläft gern auf dem Bett.

Fortsetzung auf der nächsten Seite

Fortsetzung von S. 53

Percy

Katzen sind ein beliebtes Bildmotiv in der Kunst. Dieses berühmte Gemälde des britischen Künstlers David Hockney von 1970/1971 zeigt seine Freunde Ossie Clark und Celia Birtwell mit ihrer großen weißen Katze Percy, die hier praktisch im Mittelpunkt steht.

Kleine Tiger

Nicht reinrassige Hauskatzen haben meist ein getigertes oder gestromtes Fell (Tabby). Rassekatzen sind oft empfindlicher als nicht reinrassige Katzen, weil Inzucht (S. 13) gesundheitliche Probleme verursachen kann. Diese beiden verstehen sich bestens. Sie zeigen kein Anzeichen für Aggression.

Mr. Mistoffelees

In *Old Possums Katzenbuch* (1939) beschreibt T. S. Eliot viele wunderbare Katzen. Der schwarze Mr. Mistoffelees kann sogar zaubern.

Mädchen mit Katze

Dieses Porträt stammt von dem schottischen Künstler George Watson (1767–1837). Katzen galten als passende Haustiere für junge Damen.

Farbwechsel

Man hat schon versucht, ganz schwarze und ganz weiße Versionen der Russisch Blau zu züchten. Am beliebtesten ist diese Rasse in Neuseeland.

Katzenkopf

Dieses ungewöhnliche Beispiel naiver Malerei aus Amerika zeigt einen Katzenkopf mit einem Vogel im Maul. Vielleicht entstand es zu Ehren eines guten Mäusefängers oder war ein Familienwappen.

Siamese

Ähnliche Katzen wie die heutigen Siamesen lebten viele Jahrhunderte in Thailand (früher Siam). Die erste Siamkatze kam in den 1880er-Jahren als Geschenk des siamesischen Hofes nach Großbritannien. Siamesen sind sehr intelligente, „gesprächige“ Katzen.

Langhaar**katzen**

Der berühmte französische Künstler, Autor und Katzenfan Jean Cocteau (1889–1963) entwarf dieses Logo.

Bei allen Wildkatzen besteht das Fell aus zwei Schichten (S. 14) und Katzen in kalten Ländern haben meist dickeres und längeres Fell. Sehr lange Fellhaare wären ein Nachteil für eine Wildkatze, weil es schnell verfilzen und im Gebüsch hängen bleiben würde. Zu den ältesten langhaarigen Rassekatzen gehören Perserkatze und Angorakatze (ursprünglich aus der Türkei). Langhaarkatzen sind eher ruhig und geben gute Haustiere ab, brauchen aber mehr Pflege als Kurzhaarkatzen.

Kolorierter Holzschnitt der amerikanischen Künstlerin Elizabeth Norton (1887–1985)

Kleiner, runder Kopf mit weit auseinanderstehenden Ohren

Angora

Der Name dieser Katze weist auf die türkische Stadt Angora (heute Ankara) hin, die auch dem Angorakaninchen ihren Namen gab. Die Katze kam als erste Langhaarkatze nach Europa.

Halskrause

Kurze Schnauze mit rosafarbener Nase

Langer, fedriger Schwanz

Türkisch Van

Diese Katze wird auch „Schwimmkatze" genannt, weil sie gern im Wasser spielt. Sie ist nach der Gegend um den Vansee in der Türkei benannt, wo sie über mehrere Jahrhunderte gezüchtet wurde.

Mürrischer Gesichtsausdruck durch waagerechte Falte zwischen den Augen

Birma-Katze

Die Birma-Katze hat einen längeren Körper als eine typische Langhaarkatze und eine ähnliche Fellzeichnung wie die Siamkatze. Kein Wunder, denn sie entstand aus einer Kreuzung zwischen Siam- und Perserkatze. Birma-Katzen haben immer weiße Pfoten.

Red Self

Diese Rasse wurde schon Ende des 19. Jahrhunderts in Großbritannien ausgestellt (S. 50–51). Im Ersten und Zweiten Weltkrieg ging die Rassekatzenzucht jedoch zurück, daher ist diese Rasse in Europa selten geworden.

Der Schwanz endet in einem stumpfen Quast.

Maine-Coon-Katze

Die Maine-Coon-Katze ist die älteste amerikanische Katzenrasse. Der Überlieferung nach streifte sie früher durch den US-Bundesstaat Maine und wurde wegen der ähnlichen Fellzeichnung oft mit einem Waschbären (*racoon*) verglichen. Wahrscheinlich entstand diese Rasse, als sich amerikanische Farmkatzen mit Langhaarkatzen aus Europa paarten.

Maine-Coon-Katzen können 100 cm lang werden.

Kräftige Beine mit großen, runden Pfoten

Pallas-Katze

Diese Wildkatze entdeckte der deutsche Naturforscher Peter Simon Pallas (1741–1811) am Kaspischen Meer in Asien. Ihr extrem dickes, langes Fell schützt sie vor dem rauen Klima in ihrem Lebensraum.

Kurze, stämmige Beine

Außergewöhnlich

Die selektive Zucht, also das Züchten von Katzen auf spezielle Merkmale hin, begann mit dem 20. Jahrhundert (S. 50–51). Seitdem entstanden viele verschiedene Rassen. Fast jeder Teil der Katze lässt sich durch selektive Zucht verändern. So gibt es Katzen mit besonders flauschigem Fell oder kurzem Schwanz. Manche dieser außergewöhnlichen Katzen, wie der weiße Tiger, sind vollkommen gesund, genau wie einige neue Hauskatzenrassen, etwa die Burmilla, eine Kreuzung zwischen Burma-Katze und Chinchilla-Perser. Doch allzu oft führt die übermäßige Inzucht zu schweren gesundheitlichen Problemen.

Grinsekatze

Der britische Schriftsteller Lewis Carroll (1832–1898) verewigte eine grinsende Katze in seinem Buch *Alice im Wunderland.*

Sphynx-Katze

Manchmal werden Kätzchen wegen einer genetischen Abnormalität ohne Fell geboren. Mit einem solchen Tier wurde 1966 eine neue Rasse gezüchtet: die haarlose Sphynx-Katze.

Ein weißes Fell hat in freier Wildbahn nur einer von 10 000 Tigern.

Zwei Augenfarben

Bei manchen Katzen haben die Augen unterschiedliche Farben – das wird Heterochromie genannt. Ein Auge ist blau und das andere grün, gelb oder braun.

Rex-Katzen

Durch selektive Zucht ist das Fell der Devon und der Cornish Rex weich und lockig. Diese Katzen haben keine gesundheitlichen Probleme. Sie sind anhängliche Haustiere.

Die Devon Rex hat einen keilförmigen Kopf mit langer Nase, große, leicht abgerundete Ohren und mandelförmige Augen.

Liger und Töwen

In Zoos und Zirkussen werden Löwen und Tiger manchmal verpaart. Wenn der Vater ein Löwe ist, heißen die Jungen Liger. Ist der Vater ein Tiger, spricht man von Tigon oder Töwe. Diese Tiere sind zwar gesund, werden aber meist nicht sehr alt und sind oft unfruchtbar.

Weißer Tiger

Der auffällige weiße Tiger war früher im Norden und Osten Zentralindiens gar nicht selten. Heute leben nur noch wenige dort. Die ungewöhnliche Farbe ist eine natürliche Mutation.

Manx-Katze

In jedem Wurf können Kätzchen ohne Schwanz zur Welt kommen. Auf der Isle of Man vor der britischen Küste wurden schwanzlose Katzen vor über 200 Jahren häufiger, wahrscheinlich wegen der isolierten Lage der Insel und Inzucht (S. 13).

Manx-Katzen können gar keinen Schwanz, einen winzigen Knubbel, einen beweglichen Stummel oder einen kurzen Schwanz haben.

Straßen**katzen**

In jeder Stadt gibt es herrenlose und verwilderte Straßenkatzen. Sie jagen Tauben, Ratten, Mäuse und andere Kleintiere in Gassen, Mülleimern und der Kanalisation. Die Kater markieren und verteidigen ihr Revier genauso wie alle Haus- und Wildkatzen. Auch Weibchen haben eigene Reviere und bringen ihre Jungen an versteckten Orten zur Welt. Darüber, ob verwilderte Katzen nützlich sind oder ein Problem darstellen, gehen die Meinungen auseinander. Sie beseitigen Abfall und halten die Anzahl von Ratten und Mäusen gering. Doch sie können auch Krankheiten übertragen. In manchen Städten fängt man die Katzen, sterilisiert sie und lässt sie wieder frei. Sie können sich dann nicht mehr fortpflanzen.

Fangen, Kastrieren, Freilassen

An vielen Orten werden Straßenkatzen eingefangen und in einer Tierarztpraxis kastriert, damit sie sich nicht mehr vermehren können. So bleibt die Zahl der verwilderten Katzen unter Kontrolle. Meist werden dabei die Ohrspitzen abgeknipst, damit man die kastrierten Tiere später erkennt.

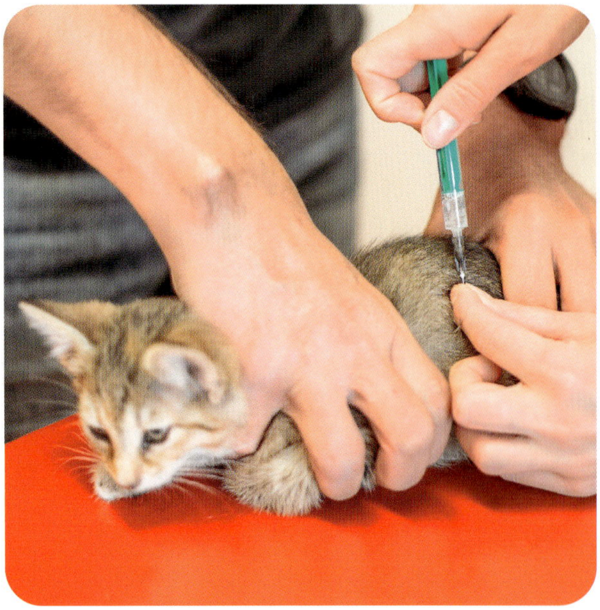

EINBLICK

Katzenliebe
Die „Kitten Lady" Hannah Shaw rettet in den USA herrenlose Kätzchen, vor allem verwaiste. Sobald sie gesund sind, vermittelt sie sie weiter. Sie hat Bücher über die Pflege junger Katzen geschrieben und macht in den sozialen Medien weltweit auf das Problem aufmerksam.

Über den Dächern

Streunende Katzen sind oft auf Dächern unterwegs. Hier sind sie sicher vor Menschen und gelangen an interessante Orte.

Straßenkater

Es ist nicht immer einfach, den Unterschied zwischen Freigängern und Straßenkatzen mit wenig oder gar keinem Kontakt zu Menschen zu erkennen. Straßenkatzen sind meistens recht nervös und ungepflegt. Sie laufen weg, wenn man sich ihnen nähert, haben oft schmutziges Fell und durch unzählige Kämpfe Wunden und zerfetzte Ohren davongetragen.

Zerfetzte und vernarbte Ohren sind ein klares Zeichen für überstandene Kämpfe.

Das leicht verfilzte Fell weist darauf hin, dass sich die Katze nicht im besten Zustand befindet.

Halbgeschwister

Wenn eine Katze rollig ist (S. 24), paart sie sich oft mit mehreren Katern. Deshalb können die Kätzchen in einem Wurf mehrere Väter haben und sehr unterschiedlich aussehen, wie auf diesem Bild.

Verwildert

Verwilderte Katzen sind Hauskatzen, die nicht mehr beim Menschen leben, sondern in die Wildnis zurückgekehrt sind. Solche Katzen finden sich oft auf kaum bewohnten Inseln, wo sie von Seeleuten ausgesetzt wurden. Auch Straßenkatzen können verwildert sein.

Streuner

Streuner und verwilderte Katzen sind nicht dasselbe. Manche Streuner leben ohne menschliche Kontrolle, aber die meisten sind doch von Menschen abhängig.

Katzen**pflege**

Junge Katzen und Hunde waren im 19. Jh. beliebte Postkartenmotive.

Jede Katze hat ihre ganz eigene Persönlichkeit und eigene Bedürfnisse. Katzen sollten möglichst nach draußen gehen können, um ihr Revier zu erkunden und Gras zu fressen – das unterstützt die Verdauung. Katzenklappen, die nur die „eigene“ Katze erkennen, geben dieser die größtmögliche Freiheit. Die meisten Menschen lassen ihre Katzen kastrieren, damit sie keinen unerwünschten Nachwuchs bekommen. Wichtig sind regelmäßige Impfungen gegen schlimme Krankheiten wie Katzenschnupfen. Katzen können über 20 Jahre alt werden. Kümmert man sich gut um sie, sind sie wunderbare Haustiere.

Fellpflege

Regelmäßiges Bürsten verhindert, dass die Katze beim Putzen zu viele Haare verschluckt. Im Magen verklumpen diese Haare und können krank machen.

Kratzmatte

Jede Katze muss sich strecken und die Krallen schärfen (S. 27). Fußmatten oder Kratzbäume sind dafür ideal.

Futternapf

Wasserschüssel

Katzenfutter

Als Fleischfresser brauchen Katzen täglich Fleisch oder Fisch. Wasser nicht vergessen!

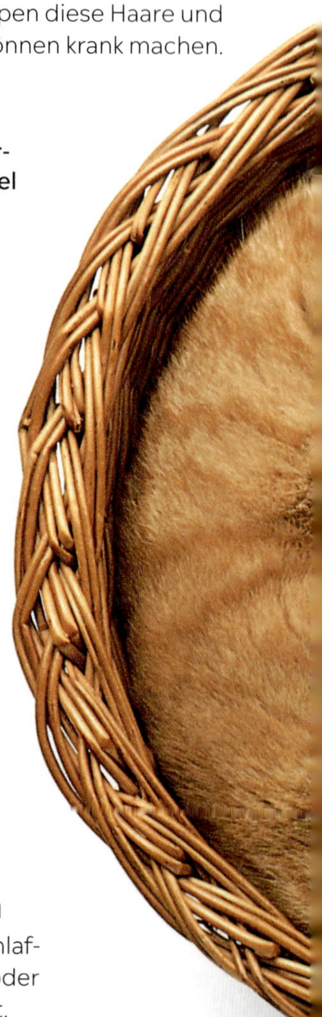

Hauptsache gemütlich

Katzen brauchen einen eigenen Schlafplatz. Oft wählen sie dafür Betten oder Sessel, weil der Geruch sie beruhigt.

Streuschaufel

Sand oder Katzenstreu

Katzentoilette

Katzenklo

Fast allen Katzen kann man beibringen, ein Katzenklo zu benutzen, in dem sie ihre Geschäfte vergraben. Es muss aber täglich gesäubert und die Streu regelmäßig gewechselt werden.

Spielzeug

Katzen spielen und toben gern. Das Spielzeug sollte keine losen Schnüre haben, in denen sich die Katze verheddern kann.

Mikrochip

Lässt man seine Katze chippen, wird ihr ein Mikrochip unter die Haut gesetzt. Auf diese Weise können die Kontaktdaten der Besitzer ermittelt werden, wenn die Katze weglaufen sollte.

Das Gitter lässt sich sicher befestigen.

Unterwegs

Katzen verlassen ihr Revier nicht gern. Viele Menschen fahren ohne ihre Katze in den Urlaub und lassen sie von jemandem füttern. Wenn das nicht geht, braucht die Katze einen sicheren Transportkorb mit ihrer Lieblingsdecke darin.

Katzenkorb

Katzen schlafen gern an Orten, die nach ihrem Menschen riechen. Der Katzenkorb sollte daher gegen Zugluft mit Zeitungspapier ausgelegt und dann mit einem alten Kleidungsstück gepolstert werden. Schlafplätze sollten regelmäßig mit Flohspray oder einem speziellen Waschmittel von Flöhen frei gehalten werden.

Familienmitglied

Katzen brauchen Zuneigung. Eine Katze zu haben, ist nachweislich gesund für Menschen, vor allem für alte und einsame. Jede Katze braucht unterschiedlich viel Zuwendung. Wenn sie gerade nicht kuscheln will, muss man das unbedingt respektieren.

Wusstest **du das?**

SPANNENDE FAKTEN

Nasenspiegel mit Rillen

Der Nasenspiegel einer Katze ist so einzigartig wie ein Fingerabdruck.

Es gibt mehr als 500 Millionen Hauskatzen auf der Welt.

Das Herz einer Katze schlägt fast doppelt so schnell wie das eines Menschen.

Katzen sind teilweise farbenblind. Sie sehen vor allem Blau- und Gelbtöne, aber kaum Rot und Grün.

In nur sieben Jahren könnten ein einziges Katzenpaar und seine Nachkommen ungefähr 420 000 Junge hervorbringen.

Sir Isaac Newton entdeckte nicht nur die Gesetze der Schwerkraft, sondern erfand auch die Katzenklappe.

Die Flachkopfkatze kann mit ihren Schwimmhäuten und den besonders scharfen Backenzähnen hervorragend Fische fangen.

Nur die Hauskatze hält ihren Schwanz beim Laufen senkrecht. Wildkatzen halten ihn waagerecht oder zwischen den Beinen.

Katze mit hochgerecktem Schwanz

Katzen können sehr gut in der Dämmerung sehen, wenn sie am liebsten jagen gehen. Der Grund dafür ist eine Zellschicht hinten im Auge, das *Tapetum lucidum*. Es reflektiert das schwache Licht und wirft es auf die Netzhaut zurück.

Eine Katze kann ihr Ohr um 180° drehen. Jedes Ohr wird von mehr als 20 Muskeln bewegt.

Fast alle Schildpattkatzen sind weiblich, weil das Farbgen mit dem weiblichen Geschlechtschromosom verknüpft ist.

Katzen verschlafen im Durchschnitt zwei Drittel des Tages. Eine neun Jahre alte Katze war also nur drei Jahre ihres Lebens wach!

Katzen miauen oft Menschen an, aber nur selten andere Katzen.

Nickerchen

Der Königsgepard hat am Rücken so große Flecken, dass sie zu auffälligen schwarzen Streifen verschmelzen.

Eine Katze kann nicht sehen, was sich unter ihrer Nase befindet, weil die Nase im Weg ist.

Das Töten einer Katze stand im alten Ägypten unter Todesstrafe.

Die Eckzähne des Nebelparders sind bis zu 4,5 cm lang.

Eine durchschnittliche Portion Katzenfutter entspricht etwa fünf Mäusen.

Etwa ein Drittel ihrer Wachzeit verbringen Katzen mit Putzen.

Einer hebräischen Sage zufolge fürchtete Noah, dass Ratten die Nahrung auf der Arche fressen würden. Da ließ Gott den Löwen niesen und aus dessen Nase kam die Katze.

Katzen putzen sich gründlich.

Dass bei einigen Katzenrassen Ohren, Gesicht, Beine und Schwanz dunkler sind als der Körper (Point-Zeichnung), hat mit der Körpertemperatur zu tun. Ein Gen verhindert die Dunkelfärbung der warmen Körperpartien, sodass nur die kühleren Teile dunkel sind.

Die älteste Hauskatze der Welt hieß Creme Puff. Sie lebte in den USA und wurde 38 Jahre alt.

Nebelparder

FRAGEN UND ANTWORTEN

Der Crystal Palace in London

Wo war die erste Katzenausstellung?

Die erste Katzenausstellung fand am 13. Juli 1871 im Crystal Palace in London statt.

Warum wedeln Katzen mit dem Schwanz?

Eine Katze bewegt den Schwanz hin und her, wenn sie verärgert ist. Bei Erregung werden die Bewegungen schneller. Ein zuckender Schwanz verrät Aufregung.

Wie gut können Katzen riechen?

Eine Katze riecht eine andere Katze in 100 m Entfernung. Katzen riechen mit der Nase und mit dem Jacobson-Organ am Gaumen.

Wie viele Krallen hat eine Katze?

An den Vorderpfoten haben Katzen fünf Krallen, an den Hinterpfoten vier.

Welche Farbe haben Katzenaugen?

Katzenaugen können kupferfarben, orange, lavendelfarben, blau oder gelb sein. Manche Katzen haben verschiedene Augenfarben.

Wie alt werden Katzen?

Hauskatzen können bei guter Pflege über 20 Jahre alt werden.

Warum reiben sich Katzen an Beinen?

Wenn eine Katze sich an unseren Beinen reibt, markiert sie uns mit ihren Duftdrüsen. Diese liegen zwischen Auge und Ohr und in der Nähe des Schwanzes.

Katzen reiben sich gern an Menschen.

Kartäuserkatzen haben orangefarbene Augen.

Wie viele Zähne haben Katzen?

Ausgewachsene Katzen haben 30 Zähne zum Packen, Zerteilen und Zerkleinern der Nahrung. Das Milchgebiss besteht aus 26 Zähnen, die im Alter von sechs Monaten ausfallen.

Wie kommen Katzen durch kleine Öffnungen?

Der Kopf einer Katze ist die breiteste feste Stelle am Körper. Wo ihr Kopf durchpasst, kann die Katze auch den restlichen Körper durchquetschen.

Katzen kommen fast überall durch.

REKORDHALTER

Mutter der meisten Kätzchen Eine Katze namens Dusty hält den Rekord für die meisten Kätzchen. Im Lauf ihres Lebens bekam sie mehr als 420 Junge.

Der weltbeste Mäusefänger Die Tigerkatze Towser fing in ihrer 21-jährigen „Dienstzeit" in einer schottischen Whisky-Brennerei 28 899 Mäuse, im Durchschnitt vier pro Tag.

Die größte Katzenrasse Die größte Katzenrasse ist die Maine-Coon-Katze. Die Männchen werden zwischen 6,8 und 11,3 kg schwer, die Weibchen 3,6 bis 5,4 kg.

Die kleinste Katzenrasse Die kleinste Katzenrasse ist die Singapura. Kater wiegen rund 2,7 kg, Kätzinnen etwa 1,8 kg.

Junge Singapura

Rassen **bestimmen**

Seit verschiedene Katzenrassen gezüchtet werden, können Katzen sehr unterschiedlich aussehen. Die Rassestandards beschreiben das ideale Erscheinungsbild einer Rasse. Aus der Kreuzung zweier Rassen oder einer Hauskatze mit einer kleinen Wildkatze können neue Rassen entstehen.

Reinrassig oder Kreuzung?
Bei einer reinrassigen Katze gehören Vater und Mutter zur selben Rasse. Eine Kreuzung hat Eltern unterschiedlicher Rassen.

Mutter mit Jungen

Felllänge

Katzen werden nach ihrer Felllänge in drei Gruppen unterteilt: Langhaarkatzen haben ein dichtes Fell, mit dem sie doppelt so groß aussehen können. Bei Kurzhaarkatzen kann das Fell seidig oder rau sein, mit geraden, gekreppten, gelockten oder gewellten Haaren. Die Sphynx-Katze ist die einzige Rasse ganz ohne Fell.

Die langhaarige Maine Coon

Blaue Britisch Kurzhaar

Die „haarlose" Sphynx-Katze

Katzenrassen

Die Katzenrassen lassen sich in verschiedene Gruppen einteilen.

Halblanghaarkatzen
Einige Rassen in dieser Gruppe, etwa die Türkisch Van, haben dünnere Unterwolle als Langhaarkatzen.

Cremefarbene Türkisch Van

Van-Katzen gelten in der Türkei als Nationalheiligtum.

Britisch Kurzhaar
Diese Katzen haben einen großen, rundlichen Körper und ein rundes Gesicht. Es gibt sie in vielen Fellfarben und Zeichnungen.

Weißer Perser mit orangefarbenen Augen

Perserkatze
Perser haben langes, dichtes Fell, ein flaches Gesicht und kleine Ohren.

Am kräftigsten ist die Point-Zeichnung an Schwanz und Kopf.

Cremefarbene Britisch Kurzhaar mit Points

Farben und Zeichnungen

Im Lauf der Jahre führte die selektive Zucht (S. 58–59) zu einer Vielzahl verschiedener Fellzeichnungen und Farben innerhalb der anerkannten Rassen.

„Tabby“ heißt das symmetrische Muster aus dunklen Streifen und Flecken auf einem helleren Untergrund.

Getupfte Silber-Tabby

Mehrfarbiges Fell hat zwei oder mehr Farben. Ein Fell mit schwarzen, roten und cremefarbenen Flächen heißt Schildpatt.

Schildpatt mit Weiß

Schildpatt-Smoke-Langhaarkatze

Bei **Smoke** (Rauch) ist die Unterwolle weiß, das Deckhaar hat eine dunklere Farbe wie Schwarz, Blau oder Rot.

Schwarz

Einfarbiges Fell kann schwarz, blau, braun, cremefarben, lavendelfarben (hellgrau), rotorange oder weiß sein.

Shaded sieht aus wie Smoke, aber die Deckhaare sind nur an den Spitzen dunkel.

Red Shaded Cameo

Bei **getickten Fellen** sind die einzelnen Haare gebändert.

Fawnfarbener Abessinier

Chocolate-Point-Siamese

Bei Katzen mit **Points** ist der Körper hell gefärbt und die äußeren Teile (Beine, Schwanz, Gesicht) sind dunkler.

Exotische Katzen

Zu dieser Gruppe gehören ganz verschiedene Rassen: Die Tiffanie hat seidiges, feines Fell, das der Asian ist kurz und eng anliegend. Die Ocicat stammt von Siamesen und Abessiniern ab. Die Cornish Rex hat kurzes, lockiges Fell, die Singapura ist getickt.

Rote Tiffanie

Siamkatze

Siamkatzen haben ein keilförmiges Gesicht mit großen, breiten Ohren. Ihr langer Körper weist dunklere Points an Gesicht, Ohren, Beinen und Schwanz auf.

Cremefarbene Burma-Katze

Burma-Katzen

Burma-Katzen haben ein kurzes, glänzendes Fell, einen muskulösen Körper und dünne Beine. Es gibt sie ein- und mehrfarbig und in Schildpatt.

Blue-Point-Siamese

Mehr **erfahren**

Auch wenn du keine eigene Katze hast, kannst du vielleicht Katzenausstellungen besuchen und dir die verschiedenen Rassen genauer ansehen. Wenn es ein Tierheim in deiner Nähe gibt, bekommst du auch dort mehr Informationen. Wenn du Großkatzen magst, kannst du im Zoo oder im Safaripark Löwen, Leoparden oder Tiger in Aktion sehen.

Katzenausstellungen

Katzenausstellungen finden das ganze Jahr über statt, oft am Wochenende. Nachmittags sind sie meist für das Publikum geöffnet. Es gibt kleinere mit etwa 60 Tieren und riesige, an denen 1000 Katzen und mehr teilnehmen.

Die weiß gekleideten Preisrichter sehen sich die ausgestellten Katzen an.

Eine eigene Katze

Wenn du dir eine Katze zulegen möchtest, solltest du dich erst informieren, was Katzen brauchen und wie man sie richtig versorgt. Wende dich an ein Tierheim in deiner Nähe, wo man dir eine Katze vermitteln kann.

Zuchtkatzen haben oft schon viele Preise gewonnen.

Willkommen im Club!

Wenn Clubs und Vereine für Katzenfreunde Ausstellungen organisieren, können sie Hilfe gebrauchen. So triffst du Katzenzüchter und kannst viel über Katzen erfahren.

Süße Kätzchen

Rassekätzchen bleiben bei ihrer Mutter, bis sie 13 Wochen alt sind und die letzte Impfung mindestens eine Woche zurückliegt. So sind die Kätzchen beim Umzug in ihr neues Zuhause gesund und gut geschützt.

Die Orientalisch Kurzhaar hat große Ohren und ein keilförmiges Gesicht.

Bei seiner Familie fühlt sich das Kätzchen sicher.

BESUCHE DOCH MAL …

WILDPARK LÜNEBURGER HEIDE (NIEDERSACHSEN)
Im Wildpark kann man Amur-Tiger, Schneeleoparden, Luchse und Wildkatzen beobachten. Das Tigergehege zählt zu den schönsten und größten Anlagen Europas.

ZOO WUPPERTAL (NORDRHEIN-WESTFALEN)
Im Zoo befindet sich die größte Löwenanlage Deutschlands. Auf 1 ha Fläche leben die Tiere in der einer afrikanischen Steppe nachempfundenen Anlage. Besuchern bietet der Zoo tolle Einblicke ins Gehege, z. B. durch große Beobachtungsscheiben, über Wassergräben, von einem Beobachtungsturm herab oder aus einer Höhle mitten im Löwengehege heraus.

KATZENAUSSTELLUNGEN
Katzenausstellungen finden regelmäßig in Städten und größeren Gemeinden statt. Gezeigt und von Richtern bewertet werden dabei verschiedene Rassen. Auch bei Heimtiermessen stehen Katzenschauen auf dem Programm. Drei regelmäßig stattfindende Veranstaltungen sind die Faszination Heimtierwelt in Düsseldorf, die Münchner Heimtiermesse und die Haustier Aktuell in Wiener Neustadt (Österreich).

Safaripark

In Safariparks laufen die Tiere frei herum und die Menschen sitzen in Autos. Die Großkatzen können sich hier fast so verhalten wie in freier Wildbahn.

Die Löwen sind an den Anblick von Autos gewöhnt.

Streuner

Manche Menschen sorgen nicht für ihre Katze oder setzen sie einfach aus. Um ausgesetzte oder misshandelte Katzen kümmern sich die örtlichen Tierschutzvereine. Hilfe ist dort immer willkommen.

INTERNETADRESSEN

- Wildkatzen und Hauskatzen, Katzen und Hunde, Gepard, Leopard, Karakal und vieles mehr (Suchbegriff „Katzen“).
  www.br-online.de/kinder
- Wie Katzen mit uns kommunizieren.
  https://www.vier-pfoten.de/unseregeschichten/ratgeber-katze/sprache-der-katze
- Lerne Katzen zu verstehen.
  https://www.planet-wissen.de/natur/haustiere/katzen/pwiediesprachederkatzen100.html
- Der Tiger ist die größte lebende Raubkatzenart.
  https://www.medienwerkstatt-online.de/lws_wissen/vorlagen/showcard.php?id=17772&edit=0
- Wie bekommen Hauskatzen ihre Jungen?
  https://klexikon.zum.de/wiki/Hauskatze
- Hier erfährst du viel über Raubkatzen.
  www.geo.de/geolino/14515-thma-raubkatzen

Glossar

Anschleichen Sich unbemerkt einem Beutetier nähern.

Art In der Taxonomie eine der Gruppen, in die eine Gattung unterteilt ist. Mitglieder derselben Art können sich miteinander fortpflanzen.

Ballen Die lederartigen Sohlenkissen an den Füßen.

Bänder Feste Gewebestreifen, die Knochen und Knorpel miteinander verbinden.

Deckhaar Das äußere Fell aus gröberen Haaren.

Die vier großen Eckzähne

Doppelfell Fell, in dem die Deckhaare genauso lang sind wie die Unterwolle.

Eckzähne Vier große, spitze Zähne, zwei im Oberkiefer und zwei im Unterkiefer. Einige Katzen töten damit ihre Beute.

Einfarbig Fell mit nur einer Farbe.

Entwöhnung Umstellung eines Kätzchens von Milch auf feste Nahrung (Fleisch).

Familie In der Taxonomie eine der Gruppen, in die eine Ordnung unterteilt wird. Eine Familie umfasst eine oder mehrere Gattungen. Die Familie der Katzen heißt Felidae.

Fleischfresser Mitglied der Ordnung Carnivora, die spezielle Zähne zum Zerkleinern von Fleisch besitzen.

Getickt Ein Fell, in dem die einzelnen Haare in unterschiedlichen Farben gebändert sind.

Glückskatze Anderer Name für eine dreifarbige Katze (*siehe auch* Schildpatt).

Halblanghaar Katze mit relativ langen Deckhaaren, aber relativ dünner Unterwolle.

Inzucht Paarung innerhalb einer Gruppe von Tieren, die eng miteinander verwandt sind. Die Nachkommen sind oft unfruchtbar.

Jacobson-Organ Ein Geruchs- und Geschmacksorgan am Gaumen der Katze.

Jaulen Kehliges Geräusch, das eine rollige (paarungsbereite) Katze ausstößt.

Kastrieren Entfernung der Fortpflanzungsorgane durch eine Operation.

Kätzchen Junge Katze, wird manchmal auch „Kitten" genannt.

Klasse Eine Klasse umfasst eine oder mehrere Ordnungen. Katzen gehören zur Klasse der Säugetiere.

Kralle Gebogener, spitzer Zehennagel. Entspannte Katzen ziehen die Krallen ein, können sie aber blitzschnell ausfahren. Nur der Gepard kann die Krallen nicht einziehen, sie sind also immer sichtbar.

Krallenscheide Knöcherne Struktur in der Pfote zum Schutz der Kralle.

Kreuzen Das Paaren zweier unterschiedlicher Rassen.

Kurzhaar Katze mit kurzem Fell.

Langhaar Katze mit einem dicken, langen Fell mit Unterwolle.

Vor der Ausstellung wird die Katze gekämmt.

Lebensraum Die Umgebung, in der ein Tier in der Natur vorkommt.

Mähne Lange Haare am oder um den Hals, wie sie beispielsweise typisch für die Löwenmännchen sind.

Markieren Das eigene Revier mit Urin kennzeichnen. Vor allem unkastrierte Kater zeigen dieses Verhalten.

Mehrfarbig Ein Fell mit zwei oder mehr klar unterscheidbaren Farben.

Nasenspiegel Der Teil der Katzennase, der nicht von Fell bedeckt ist.

Ordnung In der Taxonomie eine der Gruppen, in die eine Klasse unterteilt wird. Eine Ordnung umfasst eine oder mehrere Familien. Katzen gehören zur Ordnung Carnivora (Fleischfresser).

Papillen Die harten, glänzenden Spitzen auf der Katzenzunge, die sie zum Putzen braucht und die Zunge so rau machen.

Pfote Fuß oder Hand einer Katze mit lederartigen Ballen und scharfen Krallen.

Points Dunkler gefärbte Bereiche an den äußeren Körperteilen einer Katze: Beinen, Pfoten, Schwanz, Gesicht und Ohren. Siamkatzen weisen beispielsweise charakteristische Points auf.

Europäische Wildkatze

Putzen Katzen verbringen viel Zeit damit, sich mit ihrer Zunge und den Pfoten zu putzen.

Rasse Eine Gruppe von Katzen mit bestimmten Merkmalen. Menschen züchten Rassen auf bestimmte Merkmale wie Felltyp oder Kopfform.

Reinrassig Eine gezüchtete Katze, deren Eltern zur selben Rasse gehören.

Reißzähne Backenzähne zum Zerkleinern von Fleisch.

Rollig Eine paarungsbereite Kätzin. Der Begriff „rollig" kommt daher, weil sich die Kätzin in diesem Zustand häufig auf den Rücken rollt.

Säugen Jungtiere mit Milch aus den Zitzen ernähren. Alle Säugetiere ernähren ihren Nachwuchs mit Milch.

Schildpatt (Meist weibliche) Katze mit schwarz-rotem Fell mit oder ohne Weiß. Schildpatt-Katzen mit Weiß werden auch „Tricolor-" oder „Glückskatzen" genannt.

Schnurren Tiefes, vibrierendes Geräusch, das normalerweise Zufriedenheit ausdrückt. Es entsteht, wenn die Knochen an der Zungenwurzel vibrieren.

Schnurrhaare Die steifen Haare im Gesicht einer Katze. An ihren Wurzeln befinden sich hochempfindliche Nerven.

Sehne Festes Gewebeband, das einen Muskel am Knochen befestigt.

Die Katzenzunge ist mit rauen Papillen bedeckt.

Skelett Das Knochengerüst, das einem Tier seine Form gibt. An ihm setzen die Muskeln an, es schützt die Organe, erzeugt die Blutkörperchen und dient als Speicher für Mineralstoffe.

Smoke Katze mit weißer Unterwolle und dunklerem Deckhaar.

Sphynx Katzenrasse fast ohne Haare. Nur an Kopf und Schwanz findet man feinen Flaum.

Stammbaum Die Aufzählung der Vorfahren einer reinrassigen Katze.

Türkisch Van

Eine Katzenmutter säugt ihre Jungen.

Tabby Fell mit getigerter, gestromter, getupfter oder getickter Zeichnung.

Tapetum lucidum Zellschicht hinten im Katzenauge, die Licht reflektiert.

Tarnung Färbung eines Tiers, die entweder mit den Farben der Umgebung verschmilzt oder die Umrisse des Tiers mit Streifen oder Flecken auflöst, sodass es schwer zu sehen ist.

Taxonomie Einteilung von Lebewesen in Gruppen auf der Grundlage ihrer Ähnlichkeiten oder Abstammung.

Unterwolle Feine weiche Haare unter den Deckhaaren, die den Körper vor Kälte schützen.

Van-Zeichnung Fell, das am Körper weiß und an Kopf und Schwanz farbig ist.

Verwilderte Katzen Hauskatzen, die in die Wildnis zurückgekehrt sind und vollkommen außerhalb menschlicher Kontrolle leben.

Register

A

- Aberglaube 49, 51
- Abessinier 25, 52, 67
- Adamson, Joy und George 29
- Afrika
  - Großkatzen 11, 28
  - Folklore 32
  - Schutz 43
  - Servale 14, 23, 38, 39
  - Wildkatzen 10, 44, 45
- Ägypten, altes 46, 47
- Ägyptische Mau 46
- American Shorthair 52
- Amerika
  - Nord- 10, 36, 57
  - Süd- 10, 34–35, 36, 40, 41
- Angorakatze 56
- Archäologie 46, 47
- Asian 67
- Asien 36, 38–39, 40, 45
- Augen 16, 17, 58
- Ausgrabungen 8
- Ausstellungskatzen 50, 51
- Aussterben 11, 34, 40, 44

B

- Bengalkatze 40
- Beute 22, 23, 32, 34, 42
- Bewegung 18–19, 27, 62, 63
  - *siehe auch* Jagd
- Birma-Katze 48, 57
- Britisch Kurzhaar 49, 52, 66
- Buddhismus 48
- Burma-Katze 52, 53, 67

C D

- Christentum 49
- Cornish Rex 58
- Darm 14, 15
- Devon Rex 58
- *Dinictis* 9
- Duft, Verbreitung von 20, 21, 27

E

- Eiszeit 8
- Entwöhnung 24
- Europa
  - Europäische Wildkatze 10, 44
  - Kleinkatzen 36
- exotische Katzen 67

F

- Falbkatze *siehe* Wildkatze, Afrikanische
- Familiengruppen 24, 28–29
  - *siehe auch* Rudel
- Fell
  - Pelzhandel 36, 40, 43
  - Putzen 20, 62
  - Rex-Katzen 59
  - Tarnung 6, 14
  - Wildkatzen 56
- Fischkatze 23
- Flachkopfkatze 40
- Flachlandkatzen 38–39
- Flöhe 63
- Fortpflanzung 24
  - Großkatzen 28, 59
  - Kleinkatzen 36, 61
- Fossilien 8–9
- Füße 13, 18, 21, 57
- Futter *siehe* Nahrung; Beute

G

- Geburt 24, 26, 28, 38
- Gehirn 25
- Gepard 11, 23, 42–43
- Geruchsinn *siehe* Nase
- Geschmackssinn 17
- Gesundheitsprobleme
  - Impfung 62, 68
  - Rassekatzen 51, 58
- Ginsterkatzen 45
- Gleichgewicht 18, 19
- griechische Mythen 28
- Glückskatzen 53, 67
- Grabmalereien 47
- Großkatzen 11, 23, 28, 59

H

- Hauskatzen
  - alte Kulturen 46
  - Anpassung 6
  - Fortpflanzung und Geburt 24
  - Jagd und Nahrung 14, 15, 23
  - Pflege von Jungtieren 21, 24–25
  - Rassen 10
  - Revier markieren 20
  - Skelett 12, 13
  - Toilettengang 20, 21
  - Wildkatzen und 44, 45
- Herkules 28
- Hetzjäger 11
  - *siehe auch* Gepard
- Hexerei 48, 49
- Hockney, David 54
- *Hoplophoneus* 9

I J

- Impfung 62, 68
- Indien 30, 32, 44, 45
- Inzucht 14, 54, 58, 59
- Jagd 14–15, 18, 22–23
  - Flachlandkatzen 38
  - Jagd auf Katzen 36, 38, 40
  - Kleinkatzen 40
  - Löwen 28
- Jaguar 6, 14, 19, 33, 34–35
- Japan 7, 48
- Jungtiere 19, 24–25, 52
  - Gepard 43
  - Jagd und Nahrung 23
  - Leopard 32
  - Wildkatzen 44

K

- Kamerafalle 31
- Kämmen 62
  - *siehe auch* Putzen
- Karakal 38
- Karanth, Ullas 31
- Kastrieren 60, 62
- Katzenarten 10
- Katzenklo 20, 62
- Katzenkorb 63
- Katzenmütter 25
  - *siehe auch* Weibchen
- Katzenmumien 46, 47
- Katzenpflege 62–63
- Katzenschutz 31, 37, 43
- Kiefer 13
- Kleinfleckkatze 41
- Kleinkatzen 10, 36–37
  - Jagd und Nahrung 22, 23
  - Jungtiere 24
  - Sinne 16
  - *siehe auch* Hauskatzen
- Knochen 12–13
- Kommunikation 15, 26
  - Schwanz 23
  - Sinne 20, 27
  - Waldkatzen 40
  - Zuneigung 26, 27
- Korat 53
- Krallen 7, 11, 12, 15, 27, 42
- Krankheiten 62
- Kratzen 27, 62
- Kreuzungen 66
- Kurzhaarkatzen 52–55, 66, 67

L

- Leopard 32–33
  - Bewegung 18
  - Fell 14
  - Jagd 22
  - Nebelparder 11
  - Schneeleopard 33
  - schwarzer 22–23, 33
- Löwe
  - Fortpflanzung 24
  - Kommunikation 26
  - Körper der Löwin 15
  - Rudel 7, 26, 28–29
  - Sinne 16
  - Tiger 59
  - Jungen 21, 24
- Langhaarkatzen
  - Kämmen 51, 62
  - Rassen 46, 56–57, 66, 67
- Langschwanzkatze 40
- Luchs 36, 37

M

- Maine Coon 57
- Manx-Katze 13, 59
- Markieren 27, 28
- menschliche Siedlungen 46
- Mosaike 30, 46
- Muskeln 12, 15, 25
- Myanmar 48, 53

N

- Nahrung 14–15, 16, 62
  - Geschmackssinn 17
  - Löwen 28
  - Säugen 21, 25
  - Zunge 17, 20
- Nase 16, 17, 50, 51
- Nebelparder 11
- Norton, Elizabeth 56

O

- Ohren 17, 51, 52, 55
- orientalische Kurzhaarrassen 52
- Ozelot 14, 40

P

- Pallas-Katze 57
- Panther 22–23, 33
- Perser 13, 49, 66
- Persien 46
- Peru 34, 35, 37
- Pfoten *siehe* Füße
- Puma 10, 14, 36–37
  - Junge 18–19, 25
- Putzen und Kämmen 20–21, 24, 25, 51
  - langhaarige Rassen 56, 62

R

- Rassen 50, 51, 58, 66, 67
- Red Self 51, 57
- Revier markieren 20, 26–27, 28, 60
- Rex-Katzen 58
- Rotluchs 10, 36
- Rudel 7, 26, 28–29
- Russisch Blau 50, 54

S

- Säbelzahnkatzen 8–9
- Sandkatze 39
- Sauberkeit *siehe* Putzen, Toilettengang
- Säugen 21, 25
- Schädel 13
- Schlafen 26, 62, 63
- Schleichjäger 11
- Schleichkatzen 45
- Schneeleopard 33
- Schwanz 15
  - Gleichgewicht 19
  - Kommunikation 23
  - Leopard 18
  - Manx-Katze 13, 59
- schwarze Katzen 49
- schwarze Leoparden 22–23, 33
- Schwarzfußkatze 39
- Schnurrhaare 6, 16, 17
- Schottische Wildkatze 44
- Schottland 10, 44
- Schulterblätter 18
- Schwimmen *siehe* Wasser
- selektive Zucht 58, 59, 66–67
- Serval 14, 23, 38, 39
- Siamkatze 25, 52, 55, 67
- Sibirien 11, 30
- Sinne 15, 16–17
- Skelett 12–13
- *Smilodon* 8, 9
- Sphynx-Katze 58, 66
- Spielen 23, 24, 25, 63
- Straßenkatzen 60–61

T

- Tapir 34
- Tarnung 6, 14
- Thailand 55
- *Thylacosmilus* 8
- Tierarzt 60
- Tiger 11
  - Fell 14
  - Jagd und Nahrung 23
  - Löwen und 59
  - Skelett 12–13
  - und Wasser 19
  - weiße 58, 59
- Tigerkatzen 53, 55, 67
- Toilette 20, 21, 62
- Türkisch Van 56, 66

V

- Verdauungssystem 14, 15, 62
- Verhalten 26–27, 50
- verwilderte Katzen 61

W

- Wald, Abholzung von 34, 41
- Waldkatzen 40–41
- Wasser 14, 19
  - Fischkatze 23
  - Jaguar 35
  - Kleinkatzen 40
  - Schüssel 62
  - Schwimmkatze 56
  - Tiger 30
  - Wildkatzen 39
- Watson, George 54
- Weir, Harrison 50
- Weibchen
  - Fortpflanzung 24, 61
  - Löwinnen 28
  - Schildpatt mit Weiß 53
  - Versorgen der Jungen 21, 23, 43, 61
- weiße Tiger 59
- Wilderer 43
- Wildkatzen 39, 44–45
  - Afrikanische 10
  - Europäische 10
  - Fell 56
  - Jagd und Nahrung 14, 15
  - Revier markieren 20
  - selektive Zucht 66
  - Waldkatzen 40
- Wüstenkatzen 44, 45
- Wüstenluchs *siehe* Karakal

Z

- Zähne 9, 12, 13
- Zibetkatzen 45
- Zitzen 25
- Zoologie 43
- Zoos und Zirkusse 59
- Zuneigung zeigen 26, 27, 50, 63
- Zunge 17, 20

Dank/Bildnachweis

Der Verlag dankt folgenden Personen für ihre Hilfe bei der Herstellung dieses Buchs: Trevor Smith und dem Team bei Trevor Smith's Animal World; Jim Clubb von Clubb-Chipperfield; Nicki Barrass von Al Animals; Terry Moore vom Cat Survival Trust; den Teams des British Museum und des Natural History Museum für ihre Unterstützung; Jacquie Gulliver und Lynne Williams für ihre Arbeit an den ersten Entwürfen des Buches; Christian Sévigny und Liz Sephton für die Unterstützung beim Design; Claire Gillard und Céline Carez für die redaktionelle Unterstützung; Hazel Beynon für die Textaufbereitung; Saloni Singh und Priyanka Sharma-Saddi für den Schutzumschlag und Joanna Penning für Lektorat und Registererstellung.

Der Verlag dankt folgenden Personen und Organisationen für die freundliche Genehmigung zum Abdruck von Fotos:

(Abkürzungen: o = oben, u = unten, m = Mitte, l = links, r = rechts)

123RF.com: sebek1 60mu; **Alamy Stock Photo:** Holger Hollemann / dpa 8ur; The History Collection 10mlu; All Canada Photos 14or; Paul Biggins 16mr; Mark Burdette 21mr; Bebedi 22ur; Imagebroker 23or; Nature Picture Library 23ml; FLPA 27mr; Minden Pictures 37ur; Fiona Ayerst 42um; Robert Bradley 42ul; Martin Chapman 42–43m; Minden Pictures 43om; Stu Porter 43or; DPA picture alliance 47ol; Daria Kulkova 51mlo; Hemis 57um; Pictorial Press Ltd 58ol; Simon Kadula 60mro; Alex Edelman / CNP / MediaPunch 60ul; Charlie Bryan 68mru; Adrian Sherratt 69mlu; **Animals Unlimited:** 53u; **Ardea:** R.Beames 40m; K. Fink 40or; **Bridgeman Art Library:** 62ol; Bibliothèque Nationale, Paris 28ol; Chadwick Gallery, Warwicks 52m; National Gallery, London 70ul Detail; National Gallery of Scotland 54ul; Victoria & Albert Museum, London 20or; **mit freundlicher Genehmigung der Trustees of the British Museum:** 6or, 22mlu, 31or; **Dreamstime.com:** Isselee 1m; Anankkml 4ol, 10–11o; Melinda Fawver 15mo; Jean-Marc Strydom 16or; Andreykuzmin 21ol; Megamnogo 24ul; David Pillow 24ml; Slowmotiongli 25mr; Blair Costelloe 28–29u; Victor Lapaev 32–33ol; Abeselom Zerit 33mr; Holly Kuchera 36–37u; Claire Fulton 39um; Ecophoto 45ol; Isselee 56–57u; Sergey Taran 58ur; Vinodkumar Amberkhane 61mru; Wild-Strawberry_magic 63mo; Clara Shalyapina 68ml; **Getty Images:** David A. Northcott 12ol; PHILIPP ROHNER / 500px 19mu; Erich Schmidt 26ul; Express Newspapers 29or; Pallava Bagla 31om; Carlos Tischler / NurPhoto 35ur; DE AGOSTINI PICTURE LIBRARY 38mlu; Erich Schmidt 50–51u; **Getty Images/iStock:** BrettDurrant 28ml; **In der Sammlung des Duke of Buccleuch & Queensberry KT:** 16ml Detail; **Jean Loup Charmet:** 7or; Jen & Des Bartlett 13c, 23ul; Jane Burton 16mu; Eric Creighton 26ml; Gerald Cubitt 43ur; Hans Reinhard 12m, 16ol, 37ol; Norman Tomalin 45ul; Gunter Ziesler 42or; **E.T. Archive:** 24or, 62ur; **Mary Evans Picture Library:** 19go, 27mr, 49ol, or; **Werner Forman Archive:** 32ml; **Robert Harding Picture Library:** 49ul; "Mr & Mrs Clark & Percy" 1970–1, **© David Hockney/ photo Tate Gallery:** 54ol; **Michael Holford:** 30mlu, 31ur, 34ml, 37m, 47or, 47ur, 48ml; **Hulton-Deutsch Collection:** 31mr; **Hutchison Library:** 35or; **Images Colour Library:** 47ul; **Kobal Collection:** 22ml, 49mr; **LYNX:** 36ml; **Metropolitan Museum of Art:** 56or; **Museum of American Folk Art:** 52o; **National Gallery of Art, Washington:** 55or (Geschenk von Edgar William & Bernice Chrysler Garbisch); **naturepl.com:** Daniel Heuclin 34–35m; **Natural History Museum:** 8ol, mu, 12ul, 13ol, ur, 33ml, 34mr, 36ul; **Natural History Photographic Agency:** Agence Nature 18ul; Peter Johnson 14ml, 45ml; Gérard Lacz 58ml; **Oxford Scientific Films:** 37om, 39ol; Sean Morris 41u; Richard Packwood 12mu; Kjell Sandved 59mlu; Bernard Schellhammer 53mr; **Quadrant Picture Library:** 43mr; **mit freundlicher Genehmigung von The Savoy:** 51mo; **Scala:** Palazzo Medici Riccardi, Florence 32or Detail; Museo Nationale, Napoli 46ol; Survival Anglia: Dieter & Mary Plage 32ol; Alan Root 27or; **Amoret Tanner:** 29ol; **Zefa:** 16mo; E. & P. Bauer 23ul, 38ul; M. N. Boulton 11ul; Bramaz 63ur; Lummerc 20ur; **Ardea London Ltd:** John Daniels 64ol; Masahiro Iijima 64ur; **Corbis:** John Periam / Cordaiy Photo Library Ltd 69um; **DK Images:** Jerry Young 70um; **Oxford Scientific Films:** Richard Packwood 71om; **Rex Features:** John Gooch 68–69om; **Science Photo Library:** UMI, Grant Museum of Zoology 8–9m; FRIEDRICH SAURER 15mr

Illustrationen: Dan Wright

Cover: *Vorn:* **Dorling Kindersley:** Colin Keates / Natural History Museum mro (Smilodon), Christi Graham (C) The Trustees of the British Museum. All Rights Reserved mru (Kette), Christi Graham (C) The Trustees of the British Museum. All Rights Reserved ml (Keramikmodelll); **Dreamstime.com:** Isselee m (Tiger), Jiri Vaclavek ml (Schädel); *Hinten:* **Dorling Kindersley:** Wildlife Heritage Foundation, Kent, UK ml (Gepard); *Rücken:* **Dreamstime.com:** Isselee go.

SCAN MICH

Kahoot!

Im Training

Profi-Runde

Pics Challenge